Sólo Digo Verdades

A veces la verdad no grita, susurra

Veronica Alonso

Sólo Digo Verdades

A veces la verdad no grita, susurra

Veronica Alonso

CCE PUBLISHING

Edgewater, Florida, USA

Sólo Digo Verdades

Publicado por

CCE PUBLISHING

Edgewater, Florida

ccepublishing.com

cindycaseyediting@gmail.com

Printed in the United States of America

ISBN Paperback (Spanish): 979-8-218-77106-5

Veronica Alonso

Dedication

Los ojos color de cielo más bellos que vi,
mi hija Luhana
Por ser inspiración, amor, serenidad y alegría.
¡Gracias por transformar mi vida!

A veces no necesitamos más información.
A veces sólo necesitamos un espacio que nos recuerde quiénes somos cuando
tenemos miedo, ira, tristeza o angustia.
Un lugar donde alguien nos vea y diga:
"Lo que estás buscando… ya habita dentro tuyo"
Para eso escribí este libro de consciencia,
para ayudarte a recordar…
No es un consejo más.
No es motivación vacía.
No es pensamiento mágico.
Es un recordatorio de eso que de verdad importa.
De eso que en el fondo ya sabes… pero a menudo se te olvida.

— Veronica Alonso

Table of Contents

Sólo Digo Verdades

Quién Soy

No elijo las definiciones, ni los títulos o menciones. Sin embargo, me toca contarte quién soy y esta es la manera que elijo de hacerlo....

Mi energía vital constante me ha permitido dedicarme a actividades que me han apasionado a lo largo de estos años. La sensualidad del movimiento a través de la danza, la transformación del dolor por medio de la escritura, el fortalecimiento de la autoestima y la autoconfianza gracias a la actuación, y el develamiento de las profundidades psíquicas mediante el análisis de mis pacientes - y el mío propio-, explorando los efectos sintomáticos de las emociones en el cuerpo. No he sido de esas personas que se definen como previsoras. Mi estrategia en la vida ha sido más bien responder a las oportunidades que se presentaron en cada paso. En lugar de planificar, me he guiado más por mi corazón e intuición, experimentando una profunda satisfacción y sensación de plenitud, de fluidez con el vivir. Siento que así estoy más alineada con mi real y verdadera naturaleza.

Experiencias traumáticas de pérdidas a temprana edad, lejos de bloquearme han desarrollado mis habilidades de empatía, sabiendo que la compasión es mi elemento de análisis fundamental. Aprendí a no juzgar nada, y sobre todo no juzgarme. Lo cual ha favorecido ampliamente mi labor como terapeuta.

Esta natural manera de conectar con el dolor, el padecimiento psíquico y el sufrimiento del cuerpo, con un sistema emocional ampliamente introspeccionado en 20 años, hizo que dirigiera mi interés a los procesos de transmutación y transformación personal, de quiebre y reinvención, eso que hoy se nombra como deconstrucción y reinvención del self a partir del caos.

Mi vocación, propósito y misión en esta vida ha sido y es contribuir al empoderamiento de las personas, fomentar su amor propio, confianza y capacidad de generar su propio proyecto de vida con gozo. Durante algunos años, emprender estuvo supeditado al refuerzo de mi entorno: familia, amigos, colegas. En ese entonces, era más vital lo que pensaran los demás de mí que aquello que yo misma era capaz de reconocer y validar en mí misma. Me resultaba complejo dejar de escuchar la voz de todos, olvidando la voz más importante: la mía propia.

Hasta que un giro inesperado me sorprendió y no tuve opción. O volvía a mí o quedaba en pausa para siempre. Así, puse mi creatividad e imaginación en marcha. Tenía con qué sostenerlo internamente y un motor inmenso: mi hija.

Entretanto fui entretejiendo casi todas las versiones de mi ser e integrándolas: el amor, la maternidad, mi profesión, los pasiones, lo que mi cuerpo necesitaba físicamente para sostener a otros, en qué soy buena, el disfrute y los procesos dolorosos que debía duelar y habían quedado en suspenso.

Nunca me gustó que me dijeran cómo pensar o qué hacer; amo ser libre mentalmente y en mis elecciones. Tampoco me vinculo superficialmente con mis entornos, lo cual me ha traído más de una crítica y varios rótulos negativos aparejados.

Tomo mi vida muy en serio y valoro, como mi más preciado tesoro, la intimidad conmigo misma y el tiempo. Es que ese espacio me ha mostrado que de grandes traumas emocionales nacen fénix resilientes, dispuestos a enseñar al mundo su belleza y sabiduría.

Me considero generosa de espíritu, apasionada por el autoconocimiento y el crecimiento personal.

A lo largo de mi vida, he buscado respuestas y herramientas que me permitieran vivir de manera más alineada con mi verdadera naturaleza.

La aprehensión no es lo mio. Todo lo contrario. He soltado espacios, vínculos, proyectos y bienes materiales, siendo absolutamente fiel a quién soy y lo que siento. Sin embargo siempre he recibido más de lo "perdido". Es que no tengo miedo a perder, aprendí de esto muy tempranamente. Y sé que en verdad nada se pierde. Aquello que no está, es para nuestro mayor bien.

Así es que, amigo lector, mi único objetivo aquí es compartirte todas estas experiencias y conocimientos para ayudarte a encontrar tu propio camino de transformación y plenitud.

Motivarte a valorar profundamente la simplicidad, la alegría y el placer genuino en la vida. A que mires las situaciones que atraviesas con más amor. Que te animes a recibirlas desde ese lugar de "no juicio".

Que puedas confiar en la importancia de mantener una actitud positiva y en la capacidad de cada uno de nosotros para superar desafíos, conectando con quién en verdad somos, para alcanzar los sueños que deseamos realizar.

Y saber que todos estamos conectados realmente con lo que nuestra verdad interior nos dice. Aunque no queramos enterarnos de ello.

Animarte a que percibas esa conexión con lo profundo, aunque esto conlleve cambiar toda tu vida y dejar personas, situaciones, patrones de comportamiento o lugares, atrás. No construyas castillos en el aire.

Testimonio

Deseo que la vida te siga dando esas fuerzas que siempre demostraste para seguir adelante. Más allá de tu profesión, sos ante todo una persona que brinda alegría y gozo a los demás.

Es muy importante destacar además tu brillo en todo momento, y la generosidad de buscar hacer brillar a otros antes que a vos misma.

Valoro mucho tu profesionalismo, tu entereza y tu fuerte convicción de ver la vida de manera simple, con alegría y placer sincero.

Gustavo Schefer

Ingeniero en Construcción

Telecomunicador

Introducción

¿Qué pasaría si lo que crees que es un obstáculo en tu vida fuera, en realidad, la puerta de entrada a tu mayor potencial? ¿Y si no se tratara de aprender algo nuevo, sino de reconocer lo que ya sabes en lo más profundo de tu interior? Este libro nace de esa premisa y busca acompañarte en un viaje de empoderamiento y consciencia, donde cada frase es un reflejo de transformaciones reales.

Vivimos en un mundo donde nos han enseñado a ver nuestras dificultades como frenos, cuando en realidad son la clave para acceder a nuestra verdadera capacidad. Muchas personas se sienten atrapadas en patrones limitantes, en creencias que condicionan sus elecciones. Este libro ofrece una vía diferente: en lugar de luchar contra lo que somos, te invita a reconocerlo, abrazarlo y, desde ahí, elegir con libertad.

Las reflexiones y herramientas contenidas en estas páginas no son meras ideas filosóficas. Son el resultado de más de 20 años de atención clínica, con más de 40,000 pacientes atendidos y un 90 % de éxito en la progresión de sus objetivos.

He visto cómo las intervenciones en análisis pueden abrir puertas que parecían selladas. Una pregunta puede desbloquear espacios de posibilidades que estaban disponibles y simplemente no reconocíamos, iniciando un profundo proceso de cambio y real expansión.

Este libro está dirigido a todas aquellas personas que desean salir del piloto automático y acceder a una vida plena, expansiva y consciente. Con amabilidad y sin juicios -internos ni externos-.

No importa tu edad o la etapa de vida en la que te encuentres; si alguna vez te has preguntado "¿Qué más es posible para mí?", este libro tiene algo para ofrecerte.

A lo largo de mi práctica profesional, he acompañado a personas como vos, en sus procesos de desesperación, engaños, dolor, enojo, bloqueo, frustración, enfermedades terminales, pérdidas, amores no correspondidos, culpa, abusos, y/o violencia.

Lo que comparto aquí no es teoría vacía, sino herramientas que han demostrado ser efectivas para desbloquear el potencial humano. En un mundo donde el estrés, la ansiedad, los consumos y la insatisfacción son cada vez más comunes, contar con elementos que nos permitan desprogramarnos y elegir conscientemente se vuelve esencial.

No hay casualidades. Y las personas con las que nos cruzamos en la vida así como las situaciones que transitamos vienen a mostrarnos algo. Algo más grandioso que excede nuestra capacidad de comprensión inmediata, ya que trae aparejado una expansión de consciencia para la cual en ese momento, tal vez aún no estamos preparados. Sólo te pido que tengas paciencia. Que confíes en la vida. Y finalmente con un poco de perspectiva te permitas recibir las bendiciones ocultas. Está en vos ver cada recorrido como un puente o un ancla.

"Solo digo Verdades" no busca dar respuestas absolutas, sino ayudarte a encontrar tu propia verdad, esa que ya existe dentro tuyo y necesita ser reconocida. Esa que le da sentido a tu existir, que le indica a tu respiración que vas por el lugar adecuado para vos, esa que te permite dormir serenamente y levantarte con esperanza al día siguiente.

Numerosos estudios en neurociencia, psicología y epigenética mostraron cómo nuestros entornos, creencias y pensamientos influyen y modifican la biología interna e imprimen modificaciones en la manera en que experimentamos nuestra existencia. Las herramientas que comparto se alinean con estos hallazgos, permitiéndote reescribir tu realidad desde una nueva perspectiva.

A través de estos breves y poderosos relatos, este libro te invita a cuestionar lo que das por sentado como una verdad absoluta y a abrirte a nuevas posibilidades. En lugar de ofrecerte soluciones rígidas, te brinda preguntas y reflexiones que facilitan un proceso de autodescubrimiento dinámico y transformador. De lectura ágil y profunda, no pretende ser un manual de instrucciones, sino un espacio de exploración que te invita a reconocer tu propio poder y a transformarte desde lo que funciona para vos.

Te invito a comenzar este viaje. Aunque antes de seguir leyendo, quisiera que dejes llevar tu inspiración por la siguiente pregunta:

"Si no tuviéramos que aprender nada, sino simplemente reconocer algo en nosotros y saber lo que es verdad para cada uno y desde allí elegir, ¿qué crearía esto en tu vida o la mía?"

Prólogo

¿Alguna vez has sentido el deseo desgarrador de querer salir corriendo, patear el tablero o pegar un volantazo? Esta necesidad de cambio ha mantenido al ser humano creyendo y creando por siglos, en busca de nuevos caminos hacia una existencia más plena y gozosa. La motivación para escribir este libro surge de las experiencias de mis pacientes en análisis, mis intervenciones y el valioso aporte que significaron en sus vidas para iniciar esos profundos procesos.

A lo largo de mi carrera, he tenido el privilegio de acompañar a muchas personas en su autoconocimiento y transformación personal. He sido testigo de cómo, a través de la escucha atenta y la palabra introspectiva, han logrado superar desafíos, encontrar claridad y vivir de manera más auténtica y feliz.

En todo este camino, mi propia experiencia personal ha sido una fuente de inspiración para ellos, para mí y para la creación de este libro.

Desde pequeña he buceado en mi propia oscuridad, atravesado mis propios fantasmas y renacido en el autodescubrimiento. He enfrentado desafíos y aprendido valiosas lecciones. Estas vivencias me han permitido comprender mejor las complejidades de la mente humana y la importancia de vivir con coherencia, presencia, autenticidad y paz.

Solo digo Verdades nace de estas experiencias singulares, del crecimiento mutuo y del afecto respetuoso. Su propósito es ofrecer una perspectiva dinámica y descontracturada que pueda ayudar a otros en su propio camino de evolución personal. Deseo que, al compartir estos relatos y consideraciones, puedan inspirarte para explorar tus propias verdades y vivir de manera más alineada con tu verdadera naturaleza.

A diario enfrentamos situaciones que nos sumergen en ese deseo desgarrador de querer cambiar. Este libro nace de esa necesidad, de la búsqueda constante de respuestas y de la voluntad transformadora que ha guiado mi vida hasta aquí. Momentos que cambian el curso de una vida para siempre y que, sólo al tomar perspectiva, podemos apreciar las bendiciones ocultas que traen a nuestro existir.

A lo largo de estas páginas te invitaré a explorar diversas emociones, herramientas y enfoques que te permitirán comprender mejor tu potencial, atravesar los desafíos que el camino propone para nuestra evolución, y entender la forma en que interactuamos con el mundo.

Cada ser es un diseño humano único, y aquí voy a mostrarte cómo todos somos una contribución constante, lo sepamos o no, lo elijamos o simplemente suceda.

La consciencia manifiesta en cada capítulo está diseñada para ofrecerte valiosas perspectivas y estrategias prácticas para vivir de manera más alineada con tu ser.

No existe la vida sin coherencia. Lo otro es supervivencia.

El propósito de este libro es animarte en tu propio viaje hacia la verdad, el autoconocimiento y la transformación personal, ayudándote a establecer metas claras, adoptar hábitos sanos y encontrar ese acompañamiento amable para lograr reconocerte, validarte y expandir tu vida de manera equilibrada y con propósito.

¿Cómo se cambia de a poco? ¿Cómo se elige una vida diferente sin que ese movimiento implique un caos?

Entropía es el concepto derivado de la termodinámica según el cual los sistemas tienden a declinar hacia un estado de caos y desorden. Los psicólogos lo utilizamos para dar cuenta de la cantidad de incertidumbre y desorden que existe en la psique, a pesar del intento constante de mantener una homeostasis desde la mente racional. La física y la psicología no están tan alejadas la una de la otra. Esta tendencia natural al desorden puede ser un desafío, pero con la planificación adecuada, una actitud flexible y elecciones dinámicas, es posible crear cambios significativos y contributivos para tu vida.

Espero que encuentres en estas páginas esa inspiración amigable para emprender tu propio camino de cambio y crecimiento. Cada pequeño paso cuenta y al final, el viaje es tan importante como el destino.

Deseo que te sientas al menos intrigado mientras avanzas en cada página. Esta pequeña creación conlleva una visión positiva y expansiva del vivir, y busca ser una invitación a conectar con tu poder interior y con la magia de la vida.

Soy consciente que mi obsequio puede ser profundo e introspectivo. Honesto y aterrador. No creas que todo seran risas. Sin embargo te prometo que saldrás al menos inspirado.

Mi propósito es que te ahorres un camino, y puedas exorcizar fantasmas, esos que tenemos todos, ayudándote con un cuestionamiento transformador.

Solo digo Verdades es un libro que nace del corazón del dolor y del amor. No te ofrece "verdades absolutas", únicamente herramientas para que encuentres las tuyas propias.

Busca animarte a vivir en las preguntas que abren posibilidades; las definiciones las matan. Busca que inicies tu propio proceso de introspección y ese recorrido que llamamos acceso de consciencia en la vida diaria.

Capítulo 1: Miedo

Si vas a contar tu historia que sea para inspirar…

Tu miedo, el reverso del amor propio. El miedo no es el enemigo – Sobre el miedo como señal de falta de libertad y motor de crecimiento.

(pérdidas, duelos y resignificaciones)

Cuando perdemos a alguien a veces tenemos edad para recordarlo, aunque tal vez no así para entenderlo.

No te asustes, no sientas miedo. El miedo no es tu enemigo. Tranquilo, todo está en tu mente. Y si aún con calma el terror se apodera de vos, no esperes a ser rescatado. Tu vida es tu responsabilidad. Tu salud también. Tus emociones y pensamiento de igual manera.

No importa a quien ames, si estás solo o rodeado de personas en tu vida hoy mismo. La única realidad es que quien puede sacarte de ese lugar de parálisis, temor, incertidumbre o ansiedad SOS vos.

Esto no nos lo enseñan desde chicos, todo lo contrario, nos enseñan a depender emocional, física y materialmente de otros. Y eso en la vida adulta nos torna seres libres con miedo a ejercer nuestra libertad. Con miedo a elegir.

Somos aves con alas rotas intencionalmente. No por maldad, sino por desconocimiento.

Hablemos en serio, ¿quién se ocupa o elige ocuparse de la profundidad de su psiquis? La mayoría de las personas, la mayor parte del tiempo, basan las elecciones de toda su vida, en el 7% del saber disponible: la mente. Cuando hay mucho más saber ahí dentro tuyo utilizable pero no utilizado, y asimismo más adecuado para cumplir tus metas y propósito en coherencia con quién sos, en el 93% restante. La psiquis.

De lo que se trata, mi amigo, es de estar en buen estado mental, divertirse y dejar que pase lo que tenga que pasar. Enfrentando la adversidad cuando nos toque hacerlo.

El Miedo…

La primera vez que sentí terror en mi vida fue a mis 6 años, miraba una película de zombies de Michael Jackson y creí que mi hermano -de 9 años-, se convertiría en uno. El famoso miedo a la separación que luego estudié en la Facultad de Psicología, en una materia de la carrera llamada "Psicología Individual del Sujeto".

La ansiedad o miedo de separación es una respuesta emocional intensa que experimentamos algunas personas cuando enfrentamos la posibilidad de estar alejadas de personas significativas en nuestras vidas, los padres por ejemplo.

Recuerdo que esa noche por algún motivo mis padres habían salido solos y habíamos quedado al cuidado de los hermanos mayores, mi hermana más chica y yo. Y en ese momento recuerdo haber experimentado por primera vez ansiedad o terror por la separación.

Mi familia por aquella época estaba conformada por mi padre - el proveedor de familia -, figura fuerte física y emocionalmente, mi madre - una mujer dedicada a la crianza y el hogar 24 por 7 -, mis tres hermanos mayores (2 mujeres, 1 varón), y nosotras 2 más chicas, "las nenas". Es curioso como las palabras impactan desde que nacemos, moldeando nuestras elecciones, personalidades y desarrollos futuros.

La segunda vez que sentí que mi vida se paralizaba fue a mis 15 años. Había ido al cumpleaños de una amiga, mi padre había salido de viaje para dar instrucción a un piloto joven que había adquirido un helicóptero (por cierto que mi padre fue piloto de helicópteros e instructor de vuelo). Algo me dijo internamente que esa sería la última vez que lo iba a ver. Al día siguiente nos estaban informando que había ocurrido un accidente. Un día más tarde el cuerpo fallecido de mi padre estaba viajando a la ciudad para ser velado.

Recuerdo qué fue lo que me paralizo de esa noticia. No fue el pensar que había muerto, sino el pensar que él podía seguir con vida pero dañado. Mi padre era un hombre que se ocupaba de todo y de todos, de esas personas a las que le podías pedir que te baje la luna y sin darte cuenta, la traía. Era un hombre con mucha fortaleza en su personalidad. Autodidacta, criado por una familia de campo y sin su secundario finalizado, supo abrirse camino en un mundo tan cerrado como la aviación militar. Integro. Resolutivo. Y también muy estricto.

Con 15 años pensé, mientras las horas pasaban y la información recortada iba llegando… *¿Y si queda paralizado? ¿Y si no puede trabajar? ¿Y si hay que cuidarlo de por vida?*.

Años más tarde, gracias a psicoterapia, comprendí que mi terror fue por perder ese semblante de fortaleza y entereza que él brindaba a toda la familia. "El proveedor". Y también entendí que en ese accidente perdí más que un papá, más que un semblante paterno. Se desintegró una figura materna sostenida por ese marido tan potente. "La madre nutricia". Ella simplemente dejó de sostenernos. Se convirtió en hija. Y pasamos a cuidarla porque según mis hermanos "era frágil, no podía sola, habia que hacerlo ahora que papá ya no estaba."

Además en esa tragedia perdí tres compinches maravillosos, dos hermanos que comenzaron a ocupar, sin que lo pidamos y sin buscarlo, esas funciones que quedaron vacías. Y una que se encerró en su dolor y se aisló de todo y todos. Asi "las nenas", las hijas más chicas y cercanas en edad, nos convertimos en pilar una de la otra.

Cuando uno vive pérdidas en la vida tan significativas, o se va haciendo más duro el callo y tu personalidad cambia, o usas esas pérdidas como capital humano para contribuir en la vida de otros. Yo hice lo segundo, gracias a mi primer analista Dora Bartolossi. Quién literalmente me salvó la vida. Acepte que cada uno hizo lo que sintió y pudo, con la edad que teníamos, y que los procesos son individuales. También comprendí que si bien los duelos duran aproximadamente 2 años, cuando el sistema familiar se transforma y la ausencia no se inscribe, ese duelo puede extenderse más de 20. Es lo que llamamos duelo patológico. Y cada integrante del sistema sigue funcionando como si esa figura siguiera viva.

Nunca se puede mantener la misma dinámica cuando alguien fallece. Si o si es necesario reinventarnos y rediseñarse. Y tal vez, inscribir esa ausencia, sea lo más doloroso que podamos vivir.

El tercer momento de miedo y parálisis fue cuando el papá de mi hija me informó, el día de nacimiento de nuestra pequeña Lulu, que había nacido con síndrome de Down, y lo que era peor aún; con una cardiopatía congénita que la llevó a quirófano con tan solo 5 meses de nacida.

Mi embarazo fue bien y todos los controles "normales". La noticia llegó ese día. Y pensé ¿Qué voy a hacer? ¿Cómo va a sobrevivir en este mundo? No se nada de síndrome de Down. ¿Quién me va a ayudar? ¿Cómo la voy a criar sin un trabajo en relación de dependencia? No tengo más fuerzas, me dije. Y llore… llore y…. llore. En esas preguntas iniciaba mi duelo de la hija soñada y comenzaba a recibir a mi hija real. La que estaba conmigo desde las 9.15 horas de ese 12 de Julio de 2011. Esa leoncita que se animó a salir al mundo, a mostrarnos a todos que…

La fuerza de alguien no depende de la opresión que ejerzamos a otros, sino que la fuerza reside en la capacidad de amar a otros a pesar del daño que nos causan.

Fue alrededor de las 19.00 horas de ese día, cuando pude tranquilizarme y finalmente tener a mi hija a upa. Ahí logré verla, y ella me miró con sus ojos celestes, se acurruco en mi pecho y sentí su calorcito. Supe en ese momento que "todo iba a estar bien". Desapareció el miedo, la parálisis, y una fuerza interna que nunca antes había sentido, se apoderó de ambas y nos envolvió. Lo percibí con claridad.

Es que el amor es el reverso del miedo.

Ese día entendí que lo único que contrarresta la parálisis, el terror, la incertidumbre o el miedo es un profundo amor por la vida, por vivir, por uno mismo y por quienes amamos.

Hasta mis 33 años fui una persona. A partir de allí soy otra. Consciente, presente y sin miedo a nada.

Todo comenzó a cobrar un sentido diferente, y el amor me lleno de fuerzas el alma. Noches y días de hospital, internaciones, terapias de rehabilitación, cirugía a corazón abierto, consultas con diversos especialistas médicos, cansancio, noches durmiendo sentada con mi bebe en brazos para que el oxígeno no faltara, estrés, angustia, todo absolutamente todo quedó cubierto por un manto de mucho amor entre ambas. Nunca lo había sentido. Ni cuando mi padre estaba vivo.

Esa fuerza que te impulsa hacia adelante con valor y determinación. Esa luz que nace del centro de tu útero y explota en tu pecho abarcando todo lo que sos y haces.

Ese ser tan pequeño y frágil que me eligió como mamá, con el acto de nacer colmo mi vida de un sentido de amor tan profundo que cualquier terror, miedo al futuro, creer que no iba a poder, o duelos no elaborados en la adolescencia, quedaron sanados.

Ahí lo vi, en esos ojos celestes serenos y profundos, a mi padre. Y ahí supe que las miles de preguntas en intimidad con él desde su pérdida física, encontraban respuesta. Es que la energía nunca se pierde. La energía se transmuta. Nunca perdemos a quienes amamos. Su energía es transformada en alguien o algo más.

Las pérdidas…

Perder a un hijo puede ser una de las experiencias más devastadoras que una persona llegue a atravesar en su vida. Mi hija está conmigo. Pero se qué significa y cuánto nos resignificamos internamente al transitar algo así.

He acompañado a muchas mujeres en la pérdida física de sus hijos.

Duelar un hijo puede ser extremadamente complejo y prolongado. Cada persona lo vive de manera diferente, y es natural experimentar una profunda tristeza, incredulidad, enojo y una sensación de vacío existencial.

En mis propios procesos de pérdida fue crucial contar con una red de apoyo, amigos, terapeutas, y el resto de familia que pudo sostener, porque en general todos quedan atravesados por el duelo.

Compartir el dolor con otros que han pasado por experiencias similares suele ser, a veces, increíblemente sanador.

Perder una figura parental también es una experiencia profundamente dolorosa, aunque de una naturaleza muy diferente. La pérdida de los padres hace que una persona reevalúe su identidad y rol dentro de una familia. A menudo, los hijos adultos asumen nuevas responsabilidades y roles tras esa pérdida.

Los duelos...

Son procesos que llevan tiempo. Y es importante ser paciente y compasivo con uno mismo mientras se atraviesa este difícil camino. Sobre todo darte amor. Ser amable y escucharte. Sin juicio. Todos hacemos lo mejor que podemos.

Hoy sé que estas experiencias me mostraron un camino. El de elegir acompañar a mis pacientes sabiendo que un duelo puede fortalecer la resiliencia emocional, guiando a otras personas a enfrentar la adversidad y encontrar nuevas formas de resignificar la vida.

Las experiencias de pérdida aumentaron mi empatía y la comprensión hacia los demás. Compartir el dolor puede crear conexiones más profundas y significativas en nuestro vivir cotidiano. Todo lo que transité en esos años de duelo - sólo yo lo sé -, me mostraron cuán frágiles podemos ser y al mismo tiempo cuánta fuerza puede nacer del amor por la preciosidad del vivir.

En mi vida no hay nada más valioso que el tiempo, los momentos presentes significativamente compartidos y los vínculos genuinos. He aprendido a aceptar las elecciones de otros aunque disten mucho de lo que haría. Y a no juzgarlas.

He aprendido a apreciar la adversidad como ese maestro que me enseña a descubrir nuevas fortalezas y perspectivas sobre mi propia existencia y la de otros. He aprendido a sanar en mí lo que el sistema oculta, resiste o niega.

AHORA SÉ QUE LA PAZ NO LLEGA CUANDO TODO ESTÁ BIEN,
SINO CUANDO ACEPTAMOS LO QUE ES

Ejercicio de Amor Propio

Busca un lugar tranquilo donde puedas estar a solas, sin distracciones. Tómate unos minutos para respirar profundamente. Relájate

Piensa en una pérdida significativa que hayas experimentado, ya sea la pérdida de un ser querido, una relación o una etapa de tu vida. Escríbela en detalle: ¿Qué sentiste? ¿Cómo te afectó? ¿Qué aprendiste de esa experiencia?

Cómo influye el miedo en tu vida. Escribe sobre una situación en la que el miedo te haya limitado o detenido. Luego, escribe sobre una situación en la que el amor te haya inspirado a actuar a pesar del miedo. ¿Qué diferencias encuentras entre ambas experiencias?

Las pérdidas y el duelo han contribuido a tu crecimiento personal. ¿De qué manera te has hecho más fuerte, más resiliente o más compasivo? Escríbelo en detalle.

Haz una lista de las cosas por las que te sientes agradecido, incluso en medio de la pérdida. Esto te ayudará a encontrar un equilibrio entre el dolor y la apreciación de la vida.

¿Cómo podes transformar el miedo en una fuerza motivadora en tu vida? ¿Qué experiencia valiosa internalizaste por tus pérdidas? ¿Cómo podes honrar la memoria de quienes has perdido mientras sigues adelante con tu vida?

AGRADECETE: Termina el ejercicio realizando un acto de amor hacia ti mismo o hacia alguien más. Puede ser algo sencillo, como escribir una carta de agradecimiento, abrazarte, decirte lo valiente que eres, hacer una llamada a un ser querido, o darte un tiempo para cuidar de ti mismo.

Este ejercicio busca ayudarte a integrar las enseñanzas del duelo, las pérdidas y el miedo como reverso del amor en tu vida, promoviendo una mayor comprensión y crecimiento personal.

PREGUNTA: Si hoy encontrarás una caja con todo lo que perdiste en tu vida hasta aquí, y con todos los miedos que te paralizaron, que harías con ellos

RESPONDE:

_____

_____

_____

_____

_____

VERDAD CLAVE: Si vas a contar tu historia, que sea para inspirar a otros. Que tus palabras sean un reflejo de resiliencia, de perdón, aceptación y amor. Cada experiencia es una invitación a más de nosotros mismos.

Capítulo 2: Elegir

Mi amor, nadie va a venir a salvarte…

Elegir es un músculo que requiere entrenamiento – Del empoderamiento personal y liderazgo.

Cuando trabajamos para crear luz en los demás, naturalmente iluminamos nuestro propio camino. El mundo necesita gente que se ame y que ame lo que hace.

Abrir un lugar de co-dependencia en psicoterapia, implica dañar su principio básico: "confia en que en vos está la respuesta."

Me hacen falta tan sólo 3 sesiones para poder detectar cuál es el patrón que una persona repite, motivo por el que no está siendo feliz en su vida.

Siempre les digo lo mismo, hay que ser muy valiente para desafiarse mental y corporalmente, para abrazar nuestra vulnerabilidad y aún así seguir adelante. Hay que ser realmente valiente para perseguir tus pasiones y sueños, aún al precio de que todos los sistemas de los que eras parte ya no sean parte tuya.

Esto es elegirse, esto es consciencia y esto implica un proceso de autonomía psicoterapéutica.

La mayoría de las personas a nuestro alrededor meten la mugre debajo de la alfombra. No es que eso vaya a mejorar nada. Es lo que llamamos negación. Pero no ver la tierra no significa que no esté debajo del tapete. Y tarde o temprano, eso que negas viene ante vos a decirte (a veces no muy amablemente) o te ocupas o me ocupo yo.

Testimonio…

"… durante varios meses asistí a sesiones terapéuticas, las cuales fueron fundamentales en mi proceso de transición tras una separación de casi diez años de matrimonio. En este tiempo, trabajamos tanto en sesiones individuales como en sesiones conjuntas con mi ex esposa. Este enfoque dual me permitió abordar y procesar la separación desde diferentes perspectivas, facilitando una comprensión más profunda de mis emociones y necesidades. Las sesiones individuales fueron especialmente valiosas para mí, ya que me brindaron un espacio seguro para explorar mis sentimientos y pensamientos. A través de estas sesiones, pude identificar y soltar patrones de comportamiento y emociones que me mantenían atado a una relación ya agotada. La guía y el apoyo fueron cruciales para ayudarme a aceptar el fin de esta etapa de mi vida, y mirar hacia el futuro con esperanza y claridad. Las sesiones conjuntas con mi ex esposa también jugaron un papel importante. Nos permitieron comunicarnos de manera más efectiva y entender mejor nuestras respectivas perspectivas y emociones. Este proceso no solo facilitó una separación más amigable, sino que nos ayudó a establecer una base más sólida para nuestra futura relación como ex pareja y como padres de nuestros hijos. En resumen, la terapia fue una experiencia transformadora que me ayudó a navegar uno de los momentos más difíciles de mi vida. Estoy profundamente agradecido por tu profesionalismo, empatía y habilidad para crear un espacio terapéutico seguro y constructivo…"

Buda Gautama, también conocido como Siddharta Gautama, príncipe, asceta, meditador, ermitaño y maestro espiritual fue quien dijo "con los pies en la tierra y el alma en los sueños" y ha sido una especie de brújula a la hora de escuchar una nueva consulta con un nuevo paciente.

¿Qué pasaría si simplemente disfrutaras vivir?

Vivir la realidad implica no formarse expectativas de nada ni de nadie, es decir, no hacernos ilusiones, no crearnos películas mentales sino sencillamente vivir presentes con lo que vaya sucediendo en nuestra vida en base a las elecciones que hacemos. No ser iluso es no imaginar. Es estar en tu aquí y ahora. Accionar y dejar que cada quien dé lo que tenga dentro de sí para ofrecer. El mayor inconveniente entre seres humanos, viene de las expectativas y proyecciones que nos formamos respecto de las reacciones a nuestras acciones, de las personas a nuestro alrededor. Elegir crear sin puntos de vista y sin juicios es una habilidad de conciencia plena que ayuda a enfocarse en el momento presente, no tan simple de gestionar.

Y si bien no existen las fórmulas mágicas, todo conlleva una responsabilidad con uno y su propio deseo además del respeto por las emociones de los otros, no es imposible lograrlo. Sólo requiere entrenamiento.

Por ello este libro no es un libro de recetas sino más bien una invitación a que puedas repensar tu propio relato en el libreto de tu vida. Básicamente que logres mejorar las relaciones interpersonales y el bienestar emocional personal teniendo en cuenta que:

1. "Dejar ir": es permitir que las personas actúen según su naturaleza sin intentar controlarlas o cambiar su comportamiento. Al hacerlo, reducimos el estrés y la frustración derivados de tratar de influir en los demás. O esperar que actúen como nosotros lo haríamos. El otro es otro, digo siempre. Y lo que te da es lo que tiene dentro. Nada es personal.

2. "Dejarte ser": o sea, enfocarte en lo que vos mismo podes modificar, es decir, en tus propias elecciones, reacciones, y emociones. Esto implica asumir la responsabilidad de tu bienestar, en lugar de depender de las acciones o actitudes de los demás. Sus formas de vivir, pensar o elegir.

Al aplicar estas simples herramientas, le impulsas a la mente la idea de aceptar que no podemos controlar nada en la vida, ni las acciones o pensamientos de otras personas, ni sus elecciones. Sin embargo, sí podemos controlar qué elegimos hacer con ellas.

Vivir desde este enfoque fomenta la paz mental y fortalece las relaciones, ya que nos permite liberarnos de la necesidad de controlar y centrarnos en nuestro propio crecimiento personal.

La vida diaria presenta desafíos y oportunidades que requieren valentía y determinación. A menudo, esperamos que alguien más venga a rescatarnos de nuestras circunstancias o adversidades. Culpamos a otros de nuestros propios procesos de negación. De nuestras propias elecciones. La realidad es que somos nosotros quienes tenemos el poder de transformarnos la vida. De crearla y recrearla cuantas veces queramos. Ni lo bueno se termina pronto y ni el malestar dura toda la vida. Tus circunstancias no son más que el producto de tus elecciones. Las personas no nos hacen nada. Como sea tu mundo interno es como se verá tu vida. Hacete un gran favor y deja de regalarle tu tiempo, afecto y obsequios a quién no está dispuesto a recibirlos.

Recibir tiene todo que ver con la gratitud en la vida, con el amor propio y por ende el amor al otro. Amate vos. Porque hay personas que simplemente buscan ejercer el control victimizandose, No saben ni quieren aprender a lidiar con la gestión de sus emociones y con la responsabilidad de su propia vida. Entonces van buscando culpables, a sus fracasos. Una persona frustrada no sólo no sabrá agradecer tu regalo sino que exigirá más.

NO TE HAGAS ESO. NO TE HACE FALTA. SOS ABUNDANCIA PURA. Y VOS SI TE OCUPASTE DE SANAR.

Agradecete y sigue adelante. Empoderate. Asume esta responsabilidad. La de diseñar tu propio proyecto de vida y tomar decisiones constantemente. Aunque ello implique que algunos ya no esten y otros nuevos nos acompañen. No se trata de tener control sobre todo, o los demás, sino de reconocer que tenemos la capacidad de influir en nuestro propio destino. Desarrollando una mentalidad de autoeficacia, confiando en nuestras habilidades para enfrentar y superar obstáculos.

Liderar-se conlleva esta habilidad; la de guiarnos hacia determinadas metas y con ciertos valores. Y para ello, el proceso de autoconocimiento e introspección constante, es vital. Un líder de sí mismo, un ser que desarrolla su proyecto de vida, sabe establecer metas claras, planifica acciones concretas y se mantiene comprometido con su crecimiento personal, cotidianamente. No es algo aleatorio. En todo esto la coherencia es -a mi modo de entender la expansión- la única manera de ver efectivizado y alineado con principios y propósitos de vida, algo relativo al éxito.

Con lo cual mi querido lector, no descuides el café que estás tomando y luego te quejes de encontrarlo frío. Tu vida, es tu responsabilidad. Tu cuenta bancaria, es tu responsabilidad. Tus vínculos y la calidad de ellos, también.

Nada es personal. Cada quien elige qué y cómo. Pero deja de botar tu tierra a la vereda y culpar al clima por ello.

Aunque la capacidad de elegir conscientemente no siempre es innata - es un músculo que necesita ser ejercitado -; podemos y debemos animarnos a elegir en cada momento, aprender a desarrollarlo y vivir una vida menos contraída. Toda decisión, por pequeña que sea, es una oportunidad para fortalecer esta habilidad. Y prosperar tu vida.

A continuación te dejo algunas formas de entrenar el músculo de la elección:

Ejercicio de Empoderamiento y Liderazgo:

• Dedica unos minutos diarios a reflexionar sobre las decisiones que has tomado. ¿Fueron alineadas con tus valores? ¿Qué podrías haber hecho diferente?

• Aprende a identificar lo que es verdaderamente importante para vos. Esto te ayuda a tomar decisiones más coherentes con el ser que sos y por lo tanto más satisfactorias.

• No sientas miedo de establecer tus límites. El decir "no" cuando algo no resuena con vos es serte fiel y desarrollar una coherencia adentro/afuera. Ser asertivo en tus decisiones fortalece tu capacidad de elegir plenamente desde tu voz/vos.

• No todas las elecciones van a ser perfectas, y está bien. Aprender de los errores es parte del proceso de crecimiento.

Ser líder de tu propia vida es convertirte en un atleta de alto rendimiento en esto de tomar decisiones todo el tiempo. Nadie va a salvarte pero no necesitas ser salvado. Tenemos dentro la fuerza y la sabiduría necesarias para liderar nuestro propio proyecto vital.

Sentite orgulloso de en quién te estás convirtiendo y agradecerte. La diferencia que sos no es acertada o equivocada, simplemente es quien sos. Salir del loop de buscar lo acertado o equivocado de vos y preguntar qué va a crear esto, es el principio de fortalecerte.

EJERCICIO: Ejercitando el músculo de elegir, nos convertimos en los arquitectos de nuestro futuro. A su vez, cada elección es una oportunidad para acercarte a crear la vida que deseas y mereces.

No detengas tu vida por nadie, solo hazlo si tu ser lo requiere. Sos como "El David" atrapado en el mármol. Tu gran objetivo vital es remover todos esos miedos, dudas, inseguridades. emociones, pensamientos negativos y falsas creencias limitantes que te detienen; hasta que todo lo que quede sea la mejor versión tuya.

La vida pertenece a quienes desean vivirla. Tan segura estoy de que hay algo más, como lo estoy de que existe un cielo allá arriba, algo en lo que incluso los no creyentes pueden creer.

La vida es de quienes saben amar lindo, amar sano. No hay otra forma de amor. Y sin amor verdadero sólo existimos. Entonces, hasta que encuentres el amor en vos sólo serás alguien sin alma.

Confiá cuando te digo que al caminar dejes que tu corazón guíe tus pasos y vas a volver, vas a recuperarte, a encontrar ese amor (en vos mismo) allá donde lo dejaste.

No olvides que "vivir", es el resultado de las elecciones que tomas.

Ellas deberían apuntar a un estado óptimo, integral y balanceado en tu ser. Y esto incluye las múltiples facetas de tu existir. Sin ese constante y consciente equilibrio la vida acota su máximo potencial.

Aprende a dar prioridad a lo realmente importante, no a lo urgente. eso puede esperar. Viniste a ser feliz, deja de distraerte con la productividad. Y ser feliz es, en principio, aceptación y perdón de todo y todos tal como es. Implica renunciar al control y aceptar el curso natural del vivir.

En todo este proceso de elegir cada vez que se requiera, estar presente, es crucial. Apaga el piloto automático.

AGRADECETE: Termina el ejercicio comprometiéndose a realizar hoy mismo una elección diferente. No tiene que ser algo que te asuste o desafíe demasiado. Recuerda que elegir es un ejercicio. Requiere entrenamiento. Ir de menos a más le muestra a tu mente que es posible sin bloquearse. Y así todos los días, sosteniéndolo por un mes.

Este ejercicio busca ayudarte a que aprendas a entrenar tu mente y ese músculo llamado elección. Nada es estático, ni para toda la vida. Lo único constante es el cambio.

PREGUNTA: ¿De qué se trata todo esto? ¿Estamos destinados a tomar más de lo que damos o estamos destinados a ser amables? ¿Cuándo fue la última vez que te dijiste al espejo te amo? Cuando miraste a los ojos a alguien y sentiste un profundo deseo de decirle cuánto amor sientes?

RESPONDE:_____

_____
_____
_____
_____
_____

VERDAD CLAVE: Elegir es un músculo que requiere entrenamiento; cada decisión fortalece nuestra capacidad de vivir auténticamente y con propósito.

Reflexiona sobre tus valores y prioridades. ¿Qué es aquello que realmente importa para vos en la vida? ¿Cuáles son tus no negociables?

Identifica tus fortalezas y abraza tu vulnerabilidad. Conocer en profundidad todas las áreas de nuestro self, favorece la toma de decisiones.

Entrenate el tomar pequeñas elecciones todos los días. Elegir conscientemente qué comer, qué vestir, cómo pasar tu tiempo libre, cómo te vas a divertir el día de hoy, nos prepara para elecciones mayores. No arranques nunca por algo trascendental. Y si no funciona, volve a elegir. La mayor limitación es perpetuarse en elecciones que no nos contribuyen dinámica y significativamente.

Capítulo 3: Sano Egoísmo

Ey, vos… ¡Brilla! Brilla como strapless de Oscar De La Renta en la semana de la moda en París. Porque siempre puede haber otro amor, otro empleo, otros lugares pero nunca otra vida…

Sano egoísmo no es egocentrismo – Cómo sanar la relación con una misma.

TRES HISTORIAS, TRES RELATOS, TRES FORTALEZAS

"Llegué en un momento bastante complicado y me llegaron algunas palabras tuyas para iniciar un recorrido que fue totalmente nuevo para mí. Fuiste muy cálida y aliviadora. Mi experiencia ha sido de pura transformación. Sos una persona motivadora; me potencias. Yo definiría el proceso así: me costó mucho salir de esa nube oscura y negativa que tenía en mi cabeza, pero con compromiso y positivismo pude lograrlo. Fuiste un faro como de pura luz que iluminó el camino totalmente oscuro donde me encontraba. Positiva, sanadora. Con vos aprendí y aprendo a quererme a mi misma primero, para querer a los demás. Fue un crecimiento interno, varios descubrimientos, y saber que siempre se puede salir adelante de cualquier situación y cambiar. Me ayudaste a dar el paso de ver lo que no veía en mi. Abí una puerta enorme que cada vez se abre más. Constructiva. Del desequilibrio a la transformación virtuosa."

~ ~ ~ ~ ~

"En pocas palabras es dificil describir lo que significo este proceso en mi vida: sos mi inconsciente que no quiero escuchar, una guía y contención. Con vos tomé la decisión más importante y acertada, dejar el trabajo de empleada de comercio y abrir mi propio centro de estética, que hoy hace 10 años sigue en pié. Fortalecedora de mi autoestima. Salgo de la sesión con la sensación de que todo va a estar bien y me siento tranquila, liberada. Sos muy valiosa. Me siento escuchada y comprendida. Me ayudas a ser mejor persona."

~ ~ ~ ~ ~

"Yo usaría una frase muy cortita pero que hace mucho sentido para mí en este proceso de encuentro conmigo; la terapia fue en el tiempo preciso. Un día él me dijo: "Tenés que cambiar", mientras yo aprendía a susurrarme: "Sos perfecta tal como sos." "Sos suficiente.".

~ ~ ~ ~ ~

En estos años de interactuar con pacientes, de conocer miles de historias y de mi propio espacio de análisis por más de 20 años… ¿Sabes qué acepté? Que te podes pasar la vida buscando la aprobación afuera y nunca llegará. Te podes pasar la vida tratando de conformar, agradar, asistir a otros y jamás vas a obtener el reconocimiento.

Aprendí que no tenes obligación de hacer nada por nadie. Sin embargo, tenes todo el derecho humano por existir, de hacer lo que esté a tu alcance para ser feliz.

No vinimos a sufrir. Vinimos a gozar esta experiencia que es la vida. Quédate cerca de esas personas que te hagan sentir que ser vos mismo está bien. No escatimes en amor propio. Lo que das, te lo das. Aprende a seleccionar lo que te das. Porque la salud mental no se tiene, saludablemente se es. Y no es suficiente solo con psicoterapia. Tu vida es el resultado de diversas elecciones. Desde las más insignificantes hasta las más absolutamente increíbles. Y todas deberían apuntar a un estado óptimo, integral y balanceado en tu SER y esto incluye las múltiples facetas de tu existencia. Sin ese constante y consciente equilibrio en tu vivir, se acota tu potencial creador, tu goce y la paz que nos fue otorgada al momento de la concepción.

Mi querido lector, no hay tiempo para nada que no tenga corazón. Deja de distraerte con el conflicto diario que metes en tu cabeza, viniste al mundo a ser increíblemente feliz. Cree en vos, sos suficiente. Quitale poder a todo lo que te perturba. Si no existe en tu mente, tampoco existirá en tu vida. Cambia tu punto de vista y todo cambiará. Date cuenta de que lo que te contas en tu cabecita son puras mentiras. Tu potencial es ilimitado. Aprender a gestionar el espacio personal y la puesta de límites: es prioritario. Ya el simple hecho de que no estés pendiente de nadie es un gran aporte al mundo, y sobre todo a tu autocuidado.

Porque el amor antes de ser mutuo tiene que ser propio. Aprende a discernirlo.

EGOCENTRISMO

Esa actitud o rasgo de personalidad en el que la persona está excesivamente enfocada en sí misma y sus propios intereses, a menudo a expensas de los demás.

AMOR PROPIO

No es egocentrismo; es aprender a valorarte y a priorizar tu bienestar. Requiere esa cuota de sano egoísmo que te permite sanar la relación con vos misma. Es esencial para aprender a gestionar los espacios personales y poner límites. Sacar tu brillo no implica opacar a nadie. Mostrar tu autenticidad y vivir plenamente, no implica ser indiferente al de al lado . Permitirte ser la estrella de tu propia historia y abrazar tu luz interior sin miedo de ningún modo requiere apagar a nadie con juicios o críticas. Eso es inseguridad. Falta de confianza en vos. Falta de autoestima y de amor propio. Sé consciente que el brillo de una persona causa más envidia que cualquier cosa material, porque es intangible y está en estrecha relación con la personalidad y virtudes de alguien. No se puede comprar. Aprende a hacer brillar a tus entornos. Y si no pueden, no insistas. Pero no seas el depósito de todas sus proyecciones. Las personas tenemos libre albedrío y no todos están dispuestas a amarse, o saben amar. No es tu culpa. No tenes que soportar cualquier cosa.

DEL EMPODERAMIENTO AL LIDERAZGO PERSONAL

Empoderarse es aprehender a liderar los procesos interrelacionados que nos permiten vivir de manera plena, confiada y asertiva. Al asumir el diseño y control de nuestra vida, guiándonos con propósito. Alcanzar un estado de equilibrio y bienestar integral.

Te voy a contar todo lo que empoderarse no es:
  • No implica atropellar a nadie
  • No es ser más que nadie
  • No es no anular tu vulnerable
  • No es negar tu finitud
  • No es ignorar al otro
  • No es juzgar al otro

El empoderamiento es un profundo proceso en el que asumimos nuestras sombras, las fisuras y desde allí, desde esa vulnerabilidad nos fortalecemos, nos integramos y asumimos el liderazgo de nuestra propia existencia. Tomando decisiones conscientes y responsables para nuestro bienestar y crecimiento personal. Así como el de las personas que nos rodean. Aunque ello implique mover estructuras, resignar funciones, cambiar acciones por permisión o soltar vínculos que nos lastiman.

Engloba algunos aspectos claves:

• **Autoconocimiento**: conocer nuestros valores, intereses y necesidades es esencial para tomar decisiones que nos hagan sentir plenos y satisfechos. El autoconocimiento nos permite entender quiénes somos y qué queremos de la vida.

• **Confianza en uno mismo**: el empoderamiento implica desarrollar una fuerte confianza en nuestras capacidades y habilidades. Reconocer nuestros logros y aprender de nuestros fracasos nos ayuda a construir una autoestima saludable.

• **Responsabilidad Personal**: asumir la responsabilidad de nuestras acciones y decisiones es un componente crucial del empoderamiento. Nos damos cuenta de que tenemos el poder de influir en nuestro destino y no dependemos de otros para nuestra felicidad y éxito.

• **Establecimiento de Límites**: saber decir "no" cuando algo no resuena con nuestros valores es fundamental para proteger nuestro bienestar emocional y mental. Los límites claros nos permiten priorizar nuestras necesidades sin sentirnos culpables.

• **Desarrollo de Habilidades**: el empoderamiento también implica adquirir nuevas habilidades y conocimientos. Esto puede incluir la educación, el desarrollo profesional y la mejora continua en áreas que nos interesan y apasionan.

Liderar tu vida conlleva la capacidad de guiar y dirigir tu propia existencia con propósito y determinación. Desde

• **Una visión y metas claras**: un líder de sí mismo tiene una visión clara de lo que quiere lograr y establece metas concretas para alcanzarlo. La planificación y la organización son herramientas importantes para mantenernos en el camino hacia nuestros objetivos.

• **Con planificación, constancia y compromiso**: el liderazgo personal requiere disciplina para seguir adelante, incluso cuando enfrentamos desafíos. Mantenerse comprometido con nuestras metas y trabajar de manera constante nos ayuda a avanzar.

• **Siendo permeable a los cambios y flexible**: la vida está llena de cambios y desafíos inesperados. Un buen líder personal sabe adaptarse y ser flexible, ajustando sus planes según sea necesario para seguir avanzando.

• **Tomando Decisiones Conscientes**: tomar decisiones basadas en nuestros valores y metas personales es fundamental para un liderazgo efectivo. Evaluar las opciones y considerar las consecuencias nos permite tomar decisiones informadas y coherentes.

• **Sobre todo con amabilidad para con vos**: ser un líder de nuestra propia vida también implica ser compasivos con nosotros mismos. Aceptar que no somos perfectos y que cometer errores es parte del proceso nos ayuda a mantener una actitud positiva y resiliente.

Como creador de tu propia vida, pregúntate:

¿Qué requiero ser o hacer para enfocar mi energía, tiempo, dinero y recursos para llevarme al siguiente nivel?

Todo en esta vida enseña. Vos verás si aprendes. Busca algo bueno, no en apariencia, sino que sea sólido, estable y más bello en su parte más secreta. No está lejos, ya lo encontrarás. Solo tenés que saber hacia dónde tender la mano.

EJERCICIO DE SANO EGOÍSMO Y AMOR PROPIO

Este ejercicio te ayudará a clarificar tus objetivos, superar obstáculos y comprometerte con un cambio significativo en tu vida. ¡Espero que te sea de gran utilidad en tu camino de transformación! Si necesitas más apoyo, sumate a mi comunidad. Estoy para contribuirte.

Busca un lugar tranquilo donde puedas estar a solas y sin distracciones. Este ejercicio requiere un ambiente sereno en el que poder reflexionar profundamente.

Preparación Mental: sentate cómodamente, cerra los ojos y respira profundo varias veces. Repetirlo hasta percibir que vas relajando; permite que tu mente se centre sólo en el presente.

Reflexión sobre el Estado Actual: Toma un cuaderno y anota las respuestas a las siguientes preguntas:

• ¿Cuál es el área de mi vida que siento más estancada o requiere cambios?

• ¿Qué pensamientos o creencias limitantes están impidiendo mi crecimiento en esta área?

• ¿Qué emociones negativas están asociadas a esta situación?

Visualización del Futuro Deseado: Imagina cómo sería tu vida si pudieras modificar esos obstáculos. Visualiza con detalle cómo te sentirías, cómo actuarías y cómo cambiaría tu entorno. Anota tus reflexiones en el cuaderno:

• ¿Cómo me veo en el futuro deseado?

• ¿Qué emociones positivas experimento en este estado?

• ¿Qué habilidades he desarrollado?

Identificación de Pasos Concretos: Basado en tu visualización, escribe tres acciones específicas que puedas tomar para acercarte a tu futuro deseado. Asegúrate de que sean acciones concretas y alcanzables:

• ¿Qué puedo hacer hoy para comenzar este cambio?

• ¿Qué hábitos necesito desarrollar o cambiar?

• ¿Qué apoyo o recursos necesito para lograrlo?

Compromiso con el Cambio: Escribe una carta para vos mismo, comprometiéndote a seguir estos pasos. Lee la carta en voz alta y guárdala en un lugar donde puedas verla regularmente para recordarte tu compromiso con tu transformación.

Revisión y Ajuste: Programa un tiempo cada semana para revisar tus progresos y ajustar tus acciones según sea necesario. Reflexiona sobre lo que has aprendido y celebra tus logros, por pequeños que sean.

AGRADECETE: Termina el ejercicio como comenzó el capítulo. Frente a un espejo de cuerpo entero vas a repetir esta frase hasta que puedas sostener tu propia mirada, y decírtelo no te de vergüenza

"Brilla estupida, brilla como un strapless sequined scallop column gown de Oscar De La Renta en la semana de la moda en París. Porque siempre puede haber otro amor, otro empleo, otros lugares pero nunca otra vida".

Este ejercicio busca ayudarte a que puedas aprender a reconocer el brillo en vos. Tu diferencial. El valioso ser que sos.

Sos un regalo único para el mundo. No apagues tu luz por nada ni nadie. Y a quien le incomode tu brillo regalale unos lentes de sol Gucci

PREGUNTA: Si yo estuviera siendo verdaderamente yo, que elegiría hoy? ¿Qué elección voy a tomar hoy que cree algo más grandioso en mi vida? ¿Cómo me puedo divertir más con las elecciones que estoy haciendo ahora? Y si elegir no fuera para siempre sino solo por los diez segundo siguientes, ¿qué elecciones estaría permitiendo realizar?

RESPONDE:

_____

_____

_____

_____

_____

_____

VERDAD CLAVE: "El sano egoísmo no es egocentrismo; es el arte de cuidarnos y priorizar el propio bienestar, para poder ofrecer algo grandioso de nosotros a los demás."

Cuidar de tu salud es menester: No es posible vincularnos sanamente sin estarlo física, emocional y mentalmente Move tu cuerpo regularmente, no comas aprende a nutrirte; es muy diferente. Descansa lo suficiente. Priorizar tu bienestar te permite estar óptimo para abordar desafíos en la vida. Y elegir eficientemente. Todos estos son actos egoístamente saludables.

Establecer límites, te ayuda a gestionar tu espacio personal: Cuidar tus no negociables, o sea, establecer tu "no" cuando realmente no podes o no queres hacer algo es una forma de gestión adecuada del espacio personal. De esta manera proteges tu tiempo y energía para volcarlas en lo que realmente importa.

Tomar tiempo para vos: Dedicar horas a actividades que disfrutes, como leer, practicar un hobby o simplemente descansar, es esencial para la conservación de tu autoestima, energía y equilibrio emocional.

Busca ayuda cuando la necesitas: Ya sea hablar con un amigo de confianza, buscar apoyo profesional o unirte a un grupo, reconocer que necesitas que te tiendan un soporte emocional y buscarlo, es un acto de autocuidado y sano egoísmo.

Es prioritario darle relevancia a tus emociones. Permite sentirlas y expresarlas, además de aprender a comunicarlas. Por tu bienestar integral.

Invertir en el desarrollo personal: Asistir a formación, talleres o leer libros que te ayuden a crecer personal y profesionalmente te permite avanzar y sentirte plena.

Ejercitar la autorreflexión: A diario toma algo de tiempo para reflexionar sobre tus metas, valores y prioridades, eso te va a ayudar a alinear tus pensamientos, con tus elecciones y la acción para concretarlo. Es el principio de la coherencia lo que expandirá tu vida.

Capítulo 4: Culpa

LA CULPA, un gran implante distractor…

Tardaste bastante en sanar. Sé selectivo con quienes tienen acceso a vos. No todo el mundo merece tu nueva versión – Liberarse del pasado sin cargar con los juicios ajenos.

¿Alguna vez habías escuchado hablar de ellos?

Los implantes distractores actúan como perros que persiguen sus colas. ¿A qué me refiero con esto? Bueno, cuando ellos persiguen su cola se entretienen pero nunca llegan a ninguna parte. ¿Me explico?. Así, el propósito de los implantes distractores es evitar que seamos nosotros mismos. Que estemos presentes en nuestra vida y con nuestras elecciones. ¡Y cumplen muy bien su función!. Porque cuanto más nos hundimos en el fango de un implante distractor, más difícil es ver que tenemos alguna opción diferente a lo que nuestra mente nos indica.

¿Ya te das una idea de cuáles son ellos? Ira, rabia, furia, culpa, ver-güenza, remordimiento, duda, miedo, temor, perdón, amor, sanación; son sólo algunos de los 24 implantes distractores con los que evitamos hacer-nos responsables de lo que estamos eligiendo a diario, y nos victimizamos para controlar a otros.

¿*Revelador*? Duro tal vez… Así de cierto.

El lado amable de esta verdad es que cuando podes identificarlos e identificarte en esta función sin juzgarte, tu mente se relaja, cambia y des-programa, tu cuerpo también y comenzas a tomar opciones de algo más grandioso para vos, para tu vida. Te ubicas en un lugar más generoso para crear tu vida.

Reflexiona por un segundo en lo siguiente:

¿Cuántas personas que conoces te dicen que son víctimas y usan eso para victimizarse y controlarte?

La mayoría de las personas que dicen que son víctimas usan eso para ejercer cierto control sobre tu vida y la de sus entornos. Y alcanzar así propósitos que son personales. Convirtiéndose en el victimario que te controla. De una manera inconsciente lo que te están diciendo es: *"han abusado de mí así que necesitas cuidarme."*

¿Cuántos de ustedes trataron de cuidar a alguien que era una víctima? Nunca funciona, ¿Verdad? ¿O sí?

Es que el único motivo latente del par victima/victimario, culpa/culpable es buscar atención sin responsabilidad afectiva. Hasta una edad determinada existe un otro que requiere cuidarnos, luego de ese periodo el cuidado pasa a ser una responsabilidad individual. En la niñez y hasta la adolescencia nuestros padres o cuidadores son quienes nos protegen (o debieran hacerlo) y nos brindan las herramientas para desarrollarnos en plenitud en la vida adulta. Luego esa función es un acto de ejercicio puramente personal.

DE LA CULPA AL PERDÓN

Según Freud, la culpa es una emoción profundamente arraigada en nuestra psiquis y está relacionada con el conflicto establecido entre los deseos del inconsciente, el ego que enuncia y el superyo creado a imagen y semejanza de los mandatos sociales y familiares.

El inconsciente es la parte más primitiva de nuestra mente, impulsada por deseos y necesidades instintivas. El ego actúa como mediador entre estos y las restricciones de la realidad. Y el super yo representa nuestra conciencia moral, moldeada por la sociedad y nuestras experiencias.

Freud creía que la culpa surge cuando el ego no logra mediar correctamente los deseos del inconsciente con las normas morales que la sociedad impone como mandatos. Y entonces uno o el otro se vuelven tiranos. Esta falta de equilibrio puede llevar a sentimientos de autocrítica y auto-acusación, increíblemente destructivos. Tanto así que puede hacer que desarrollemos trastornos como los compulsivos, síntomas como los depresivos y en casos poco frecuentes y extremos las perversiones de los deseos. Paréntesis aparte, la depresión era para Freud una manera extrema de culpa que conlleva una forma exagerada de autocrítica y autoperjuicio. Una forma de culpa dirigida hacia uno mismo.

Es en su obra icónica "Duelo y Melancolía" (1917), donde describe y explora cómo la culpa tiene raíces tanto en la vida individual como en la cultura. Considerándola un "rostro oscuro" que se arrastra profundamente en la vida mental del individuo y en la historia de la cultura.

La culpa surge porque el ego no logra satisfacer los deseos del inconsciente sin transgredir las normas impuestas por el superyo. Esto genera una sensación de malestar interno muy intenso y una autocrítica exagerada. La cultura tiene una influencia significativa en nuestra percepción y manejo de la culpa. Estos conceptos varían considerablemente entre diferentes culturas y sociedades, y nuestra experiencia personal con ellos está profundamente influenciada por el entorno familiar y cultural en el que crecimos y nos desarrollamos.

DE LA CULPA AL HONOR

La psicología moderna, considera el perdón una herramienta poderosa de bienestar emocional y mental. Que contribuye a dejar de lado el resentimiento, la venganza; y adoptar una actitud de comprensión, compasión y empatía hacia los demás y, fundamentalmente, hacia uno mismo.

Por su parte, desde la perspectiva Freudiana y la psicología clásica, el perdón es un más allá de la culpa. Ya que implica una reconciliación entre el ego, el inconsciente y el superyó. Las tres instancias anímicas que componen la psiquis humana. Es decir, no sólo es una herramienta que nos permite liberarnos de la culpa, sino encontrar un equilibrio emocional y moral dentro de uno mismo. Y este proceso necesariamente conlleva la revisión de mandatos, ideales, valores culturales, cuestionamientos y creación de nuevos registros más adaptados al ser verdadero que uno es.

Si bien Sigmund Freud no dedicó su obra específicamente al tema del perdón, se puede inferir esta perspectiva a partir de sus teorías generales sobre la psique humana.

De esta manera, como comentaba más arriba, el perdón estaría directamente relacionado con las tres instancias del psiquismo: el inconsciente, el yo y el superyó. El inconsciente alberga deseos y conflictos reprimidos, mientras que el ego trata de mediar entre estos deseos y las demandas de la realidad, y el superyó actúa como la voz de la moral y la ética internalizadas. El perdón, en este contexto, podría ser visto como un proceso de liberar a la mente de la culpa y la tensión que surgen del conflicto inherente entre estos tres componentes. Al perdonar, uno podría reconciliarse con estos conflictos internos y encontrar una especie de equilibrio psicológico.

Además, Freud entendía que muchas de las emociones y comportamientos humanos, incluyendo la capacidad de perdonar, están profundamente atravesados por experiencias infantiles y relaciones tempranas con figuras de autoridad, como nuestros padres o cuidadores.

En términos más generales, aunque Freud no escribió extensamente sobre este concepto, "podría funcionar" en términos de liberación de culpa y resolución de conflictos internos. Por ello, la psicología actual lo considera una herramienta para la salud mental y emocional. Que favorece en el sujeto la liberación de remordimientos, resentimientos y rencores, para adoptar una actitud de mayor amabilidad hacia uno mismo y los demás.

Ya lo desarrollaré más adelante pero vale remarcar el hecho de que el perdón es un tema complicado. Si funciona como parte de un proceso de sanación en un espacio terapéutico para la víctima (de violencia, de abusos o de enajenación), es admisible. Ahora bien, nunca podemos imponer a un paciente que es parte de una estructura familiar que intenta mantener la armonía y el status quo absolutamente iatrogénico o perverso, esta herramienta como parte de la cura en un proceso terapéutico.

DEL HONOR AL AMOR PROPIO

Muchas religiones tienen enseñanzas específicas sobre la culpa y el perdón. Por ejemplo, en el cristianismo, la culpa está vinculada al concepto de pecado, y el perdón se obtiene a través de la confesión y el arrepentimiento. En el budismo, la culpa puede estar relacionada con el concepto de karma, y el enfoque está puesto en la purificación del espíritu y la mejora continua.

En culturas como la africana, el perdón es una parte integral del proceso de reconciliación. Así los procesos de justicia restaurativa enfatizan el perdón y la reconciliación comunitaria para la conservación del equilibrio social y paz. En contraste, en culturas más legalistas como la china, el perdón puede ser visto como una debilidad o una abdicación de la justicia. El castigo puede ser más valorado que el acto de perdonar. Para conservar una homeostasis social, y las jerarquías.

En muchas culturas el perdón sigue estando profundamente ligado al honor y la vergüenza. En estas sociedades, perdonar a alguien es visto como una restauración del honor perdido, mientras que la falta de perdón es vista como una forma de mantener el prestigio.

A lo largo de la historia, el concepto de honor ha sido fundamental en la construcción de la identidad individual y colectiva. Tradicionalmente, el honor se vinculaba con el cumplimiento de deberes sociales, la lealtad a la comunidad y la adhesión a las normas establecidas. Era una virtud externa, otorgada por la sociedad en reconocimiento a comportamientos considerados dignos y ejemplares.

El amor propio por su parte, nace del reconocimiento y valoración de la propia dignidad intrínseca, independientemente de la aprobación social. Se trata de cultivar una relación saludable con uno mismo, basada en el respeto, la compasión y la autenticidad. Esta mirada no solo promueve el bienestar individual, sino que también sienta las bases para relaciones más genuinas y equitativas con los demás.

La transición del honor al amor propio no significa rechazar los valores tradicionales, sino reinterpretarlos desde una perspectiva más introspectiva y consciente. Al integrar el respeto por uno mismo con el respeto por los demás, se construye una ética personal que armoniza la responsabilidad individual con la empatía colectiva.

En este proceso de transformación el sujeto se convierte en el principal agente de su propio desarrollo, guiado por una brújula interna que valora tanto la integridad personal como el bienestar común. Así el amor propio se erige como una fuerza liberadora que empodera al ser humano para vivir de manera plena y coherente con sus valores más profundos.

LOS VÍNCULOS QUE ATRAEMOS SON EL ESPEJO DE NUESTRA PROPIA INFANCIA

A menudo nuestros vínculos reflejan y espejan las experiencias y dinámicas de nuestra propia infancia. Desde una edad temprana, nuestras experiencias con nuestros padres y cuidadores moldean nuestras creencias y expectativas sobre las relaciones, así como también crean huellas para siempre, que se conservan en nuestra psiquis, veladas tras otras experiencias. Y es en base de ella que en la vida adulta vamos creando vínculos creyendo que las elecciones son aleatorias.

O lo que es más gracioso aún, conscientes. Si creciste en un entorno amoroso y seguro, es probable que busques y atraigas vinculaciones similares. Por otro lado, si tu infancia estuvo marcada por conflictos o falta de afecto, podrías encontrar que atraes vínculos que replican estos mismos patrones. Reconocerlos es el primer paso hacia la transformación. Al entender cómo tu infancia ha influido en tus elecciones actuales, podes comenzar a tomar decisiones más conscientes y, sobre todo, saludables.

Muchas veces confundimos lealtad con permanencia absoluta al lado de algo o alguien, soportando toda clase de cosas horribles. Pero esto no es lealtad porque tu sentido común no te dice lo mismo. Y existe un instinto primitivo en todos los seres vivos que nos indica que sí y que no. La lealtad no depende de las circunstancias sino de los valores y principios humanos.

Amanecer junto a alguien con quien nos decimos que nos quedamos por lealtad cuando en realidad es por falta de límites, es regalarle nuestra incapacidad de irnos o dejarlos ir. Nuestras elecciones crean. Podemos crear amor, respeto, honestidad, empatía, paz, amabilidad abundancia o caos, soberbia, mentiras, destrucción, mezquindad, gritos, dolor y enfermedad. Basta ver el mundo para darnos cuenta de esto. Veras vos con qué energía queres convivir a diario.

Quiero, por favor, que hagas el ejercicio de releer este párrafo, y lo repitas hasta internalizarlo: nadie da lo que no habita en su interior. No te engañes con palabras e historias que te contas o que los otros te cuentan.

Cuando sientas dudas, te sugiero que hagas como los no oyentes que apagan sus audífonos para evitar apabullarse, y apagues tus oídos. Tan sólo dedícate a observar las acciones, y los comportamientos. Ahí vas a encontrar todas las respuestas. Eso que está en tu mente es lo que enferma tu cuerpo, y a la inversa. Sos suficiente mi querido lector, así que alejate de toda comparación como de las plagas. Seguí eso que te hace sentir bien en este momento y en cada momento. Te aseguro que crearás una vida maravillosa para vos. Ningún vínculo de pareja, ningún vínculo familiar, ninguna amistad o relación profesional vale tanto como tu salud y paz mental.

EL ACTO EGOÍSTA MÁS GENEROSO QUE PODES TENER PARA CON LOS DEMÁS ES AMARTE TANTO PERO TANTO, QUE A TODO TU ENTORNO NO LE QUEDEN DUDAS DE CUALES SON TUS NO NEGOCIABLES.

Y sólo aventurate en una relación si tu vida es mejor y más grandiosa estando en ella que sin ella. Pero no pierdas de vista que aun antes, la mejor y más grandiosa relación que tenes que esforzarte por construir es con vos mismo. Y ello se logra conservando dentro tuyo lo que llamamos, los cinco elementos de la intimidad; honor, confianza, gratitud, vulnerabilidad y permisión. Y si a esto le agregas estos tres componentes que te voy a contar a continuación para crear (y observa que escribí crear y no tener) un vínculo; esto también construirá algo significativamente diferente. ¿Sabes por qué?. Porque una relación habla de la distancia entre un punto A hacia un otro punto B, en cambio, el vínculo implica el aporte de A más B, sin que ninguno pierda identidad. Y esto lleva a una gran creación consciente. Cuando nos relacionamos, nos separamos del otro. Cuando nos vinculamos, generamos una dialéctica, una sinfonía nueva. Tene en cuenta esto a la hora de establecer conexiones con tus entornos y vas a notar una gran diferencia.

Te decía existen 3 elementos que seria interesante que explores antes de sumergirte en el mundo de vincularte significativamente con otro/s

1. la persona/s es buena en el sexo

2. crea dinero

3. no pone trabas a tus deseos, y a la inversa.

No hay forma de prosperar en un vínculo erotico amoroso sin eso que hace a la identidad del mismo, la sexualidad. Pero tampoco es sobrevivible estando junto a alguien que nos drena y no nos permite ser toda nuestra abundancia. Sabotea nuestros sueños y deseos. Se supone que entramos a un vínculo porque crea más en nuestra vida, no menos. Seas hombre o mujer, hacer dinero es un requisito esencial para ver de qué estás hecho. Más allá de que luego alguno gane el doble. No se trata de competir. Hacer dinero individualmente se trata de aprender a crear, de autonomía. Perseguir nuestros sueños se trata de amor propio, realización personal. Nos enseñaron a crear dependencia emocional, física y económica respecto de un otro; y ese es el principio del fin del amor, de las elecciones y de cualquier sentido de sanidad respecto de uno mismo.

Entonces, repasemos, si ya gestionaste en vos los cinco elementos de tu intimidad, y le sumas estos tres condimentos, te aseguro vas a vivir una experiencia de a dos, realmente gozosa y expansiva. No te apresures. Sé que es mucha información nueva en pocos párrafos. Vamos a ir explorando juntos.

Si quieres ver mariposas cuida qué plantas hay en tu jardín.

Vamos a llamar "Yara" a esta paciente.

Siempre había vivido con miedo a expresarse. Con temor al qué dirán. Sosteniendo internamente mandatos familiares que claramente no la hacían feliz, pero que no podía evitar tratar de complacer. Y nunca era suficiente, por supuesto. Como todo lo que acontece en el terreno vincular. Cada vez que quería hablar en una reunión con su equipo de trabajo o jefes se anulaba, a su esposo directamente lo evitaba, con amigos sus palabras se ahogaban en garla ganta y entonces dirigía la atención a cualquier otra cosa con tal de salirse de la presencia de tu propia vida, manifestando que todo "siempre" estaba bien. A menudo la observaba decir "sí" cuando quería decir "no" a gritos, y se sentía atrapada en rutinas que claramente no la hacían feliz con su vida, ni expandida.

Muy paulatinamente comenzamos a dar rodeos por lo que yo llamo "un deseo mayor". Pequeños pasos, en apariencia insignificantes, que la llevaron finalmente a conectarse con su real deseo y angustiarse con algo que ella misma había borrado de su consciencia: desde chica deseaba ayudar a las personas, y por legado familiar y creencias limitantes, había resignado y estudiado otra carrera, también humanitaria pero distante como salud mental.

Así fue que retomó su segunda carrera universitaria, carrera que soñaba ejercer y había abandonado. Otro de sus grandes cambios, en esto que llamo insinuaciones al deseo, fue retomar, casi diariamente, a otra de sus pasiones, el agua y la intimidad que brazada a brazada generaba con ella. Poco a poco, se fue encontrando. Viéndose, registrando e integrando esos fragmentos de ser, que la vida, las obligaciones, las imposiciones y la cultura imprimen en todos. Y su voz interna comenzó a fortalecerse y comunicar. Su aporte era y es valioso.

Se animó a decírselo a ella misma primero para luego hacerlo en sus entornos. "Yara" comenzó a verse más presente en su vida, emocionada, con ese brillo en los ojos que solo vemos cuando alguien está siendo quien verdaderamente es. Y volvió a reír.. A carcajadas por cierto.

Empezó a elegir qué sí, y qué, ya nunca más. Durante el transcurso de las sesiones pude ser testigo de cómo ese jardín lleno de malezas se transformó y llegaron mariposas de todos los colores. Y un día compartió su historia por primera vez con su compañero y sintió una liberación inmensa al ser escuchada.

Con el tiempo "Yara" se convirtió en una fuente de inspiración para otras personas en su comunidad. Empezó a liderar grupos. Y recibir importantes devoluciones. Hoy está inspirando la vida de otras personas y trabajando sobre la importancia de vivir auténticamente, con coherencia y sobre todo con mucha amabilidad con los propios procesos internos, en el espacio del consultorio como terapeuta.

La transformación no fue inmediata ni fácil, pero cada pequeño paso la llevó a un lugar más grandioso, de mayor poder personal con ella misma. No todo está resuelto. Seguimos abordando la presencia en su vida y la toma de decisiones. Algunos fantasmas la siguen atormentando, pero sabe que es su elección quitarle ese poder. Y guiar su vida al siguiente nivel de consciencia.

LA VERDADERA LIBERTAD VIENE CUANDO DEJAMOS DE EXISTIR PARA COMPLACER O CUMPLIR EXPECTATIVAS DE OTROS Y EMPEZAMOS A VIVIR PARA CONCRETAR NUESTROS PROPIOS DESEOS. ESO ES TRANSFORMACIÓN Y RENACIMIENTO. OJALA QUE TE CRUCES CON PERSONAS QUE HABLEN TU MISMO IDIOMA ASI NO TENES IR TRADUCIENDO TU ALMA TODA TU VIDA.
Y SI VAS A SOÑAR… EXAGERA PORQUE LOS SUEÑOS SE CUMPLEN.

Ejercicio de Transformación

1. Identificación de Patrones:

• Toma un cuaderno y anota tus primeras experiencias de relación. ¿Cómo eran tus relaciones con tus padres o cuidadores? ¿Qué dinámicas se repetían?

• Reflexiona sobre tus relaciones actuales. ¿Ves patrones similares? Por ejemplo, ¿tendes a atraer a personas con características parecidas a las de tus padres?

2. Explora tus Creencias:

• Escribe una lista de creencias que tienes sobre el amor y las relaciones. Por ejemplo, "El amor es difícil de mantener" o "No soy digno de amor incondicional".

• Analiza de dónde provienen estas creencias. ¿Son el resultado de experiencias de tu infancia?

3. Reformula Creencias Limitantes:

• Identifica al menos una creencia limitante y reformúlala en una creencia positiva. Por ejemplo, cambia "El amor siempre lleva al dolor" por "El amor puede ser una fuente de alegría y crecimiento".

4. Acciones Conscientes:

• Comprométete a tomar una acción concreta que refuerce tu nueva creencia. Por ejemplo, si tu nueva creencia es "El amor puede ser una fuente de alegría", busca actividades o situaciones que te permitan experimentar y compartir alegría con los demás.

5. Reflexión y Aceptación:

• Reflexiona sobre la importancia de la autoaceptación y el amor propio. Recuerda que, para atraer relaciones saludables, primero debes cultivar una relación sana contigo mismo.

• Practica la autocompasión y permítete sentir todas tus emociones sin juzgarlas.

AGRADECETE. Termina el ejercicio como comenzó el capítulo. Frente a un espejo de cuerpo entero vas a repetir esta frase hasta que puedas sostener tu propia mirada, y decírtelo no te de vergüenza

"Brilla estupida, brilla como un strapless sequined scallop column gown de Oscar De La Renta en la semana de la moda en París. Porque siempre puede haber otro amor, otro empleo, otros lugares pero nunca otra vida."

Este ejercicio busca ayudarte a que puedas aprender a reconocer el brillo en vos. Tu diferencial. El valioso ser que sos.

Sos un regalo único para el mundo. No apagues tu luz por nada ni nadie. Y a quien le incomode tu brillo regalale unos lentes de sol Gucci

PREGUNTA: Si yo estuviera siendo verdaderamente yo, que elegiría hoy? ¿Qué elección voy a tomar hoy que cree algo más grandioso en mi vida? ¿Cómo me puedo divertir más con las elecciones que estoy haciendo ahora? Y si elegir no fuera para siempre sino solo por los diez segundo siguientes, ¿qué elecciones estaría permitiendo realizar?

RESPONDE: _____

_____

_____

_____

_____

VERDAD CLAVE: "La culpa y el perdón son grandes implantes distractores."

Los implantes distractores son conceptos utilizados en Access Consciousness para describir esos pensamientos, emociones y reacciones que nos distraen de ser plenamente conscientes y estar presentes en nuestra vida. Estos implantes pueden incluir sentimientos como el miedo, la duda, la culpa, el arrepentimiento y la ira.

Estos implantes pueden surgir de diversas experiencias y condicionamientos a lo largo de nuestra vida, y están diseñados para mantenernos atrapados en patrones de comportamiento que nos impiden alcanzar nuestro verdadero potencial y vivir siendo quienes en verdad somos.

Los implantes distractores pueden originarse de diversas maneras:

Condicionamiento Social y Cultural: Desde una edad temprana, somos influenciados por las normas y expectativas de la sociedad y la cultura en la que vivimos. Estas influencias pueden crear implantes distractores como el miedo, la culpa y la duda. **Las experiencias traumáticas:** Eventos traumáticos o estresantes pueden dejar una huella profunda en nuestra psique, creando implantes distractores que nos mantienen en un estado de alerta constante o nos hacen revivir el trauma. **Creencias Limitantes:** Las creencias que adoptamos sobre nosotros mismos y el mundo pueden convertirse en implantes distractores. Por ejemplo, creer que no somos lo suficientemente buenos puede generar sentimientos de inseguridad y autocrítica. **El bloqueo del potencial:** Los implantes distractores pueden tener varios efectos negativos en nuestra vida. Nos mantienen atrapados en patrones de comportamiento y pensamiento que limitan nuestra capacidad de crecer y alcanzar nuestras metas. **Estrés y Ansiedad:** Los implantes distractores como el miedo y la culpa pueden generar altos niveles de estrés y ansiedad, afectando nuestra salud mental y física. **Relaciones Dañadas:** Pueden interferir en nuestras relaciones interpersonales, creando conflictos y malentendidos. **Falta de Presencia:** Nos distraen de estar plenamente presentes en el momento, lo que puede afectar nuestra capacidad de disfrutar la vida y tomar decisiones conscientes.

Para lidiar con ellos podemos usar herramientas como las proporcionadas en capítulos anteriores. O técnicas como *"las barras de acceso a la consciencia"* que ayudan a reconocer y liberar la energía contenida en estas distracciones, permitiéndonos estar más presentes y conscientes en nuestra vida.

Sé selectivo con quienes te acompañan en esta nueva versión tuya, tardaste tu tiempo en rediseñarla. Libérate de los juicios ajenos. Abraza tu amor propio. y Recorda que la calidad de tus vínculos refleja la calidad de la relación que tenes con vos mismo."

Capítulo 5: Dolor

SI AYUDO A UNA SOLA PERSONA A TENER ESPERANZA NO HABRÉ VIVIDO EN VANO.

El dolor, un gran mentor – Aprender de la adversidad sin quedarse atrapado en ella.

Todas las experiencias dolorosas que atravesé en mi vida me hicieron comprender que caminar en sí mismo, es una oportunidad constante de ser yo y mostrar al mundo el regalo que soy.

¿Estás listo para dejar atrás lo que te ha impedido avanzar y comenzar este nuevo capítulo de tu existencia?

Los seres humanos atravesamos ciclos que la psicología entiende como evolutivos, pues nos muestran que estamos listos para dejar atrás algo que nos ha impedido avanzar.

Si llegaste a este libro, la respuesta es sí.

¿Podes acaso darte cuenta que ya estás listo para vivir un nuevo ciclo en tu vida?

Tu creatividad y tu esfuerzo bien enfocados, van a llevarte al siguiente nivel. Todas esas experiencias hechas y aprendidas, las energías que se encontraban estancadas; comenzarán a fluir.

Cerrar de Ciclos y Comenzar nuevos Desafíos

Hay cierres de ciclos que acontecen cada 10 años y muestran la posibilidad de desterrar hábitos, heridas o pensamientos obsoletos que no conducen a ninguna parte. Puede ser un momento indicado para afrontar nuevos desafios. Las leyes universales enseñan que eso que vivimos a diario en nuestra vida no es reflejo de lo que hacemos sino de quienes somos. Sin embargo, si notas que algo comenzó a ser radicalmente diferente en tu cotidianeidad, tal vez lo que se está mostrando es la sincronicidad de tu adentro con tu afuera.

Entonces seguramente te encontras en ese momento de buscar qué significa o qué mensaje estás recibiendo de todas estas "casualidades". La transformación del ser precede a la transformación del tener. La abundancia no es algo que conquistas, es algo que te permites.

Nunca se trata de hacer más. Sólo se trata de ser vos cada vez más consciente de que estirando tu recibir(te) es como accedes a las mismas capacidades y habilidades que el resto de la naturaleza.

Fluir con el Universo

La ansiedad y el esfuerzo excesivo son sólo síntomas de una comprensión acotada de las leyes universales. Son manifestaciones del ego que creen tener todo bajo control e intenta orquestar lo que ya se encuentra divinamente ordenado. Cuando comprendas que sos parte del universo infinitamente generoso, y que este es abundante por naturaleza, vas a dejar de luchar y empezarás a fluir.

Tu Verdadero Poder

Tu poder no está en el hacer sino en el ser. No está en la acción sino en la presencia. No está en el control sino en la permisión. Siendo consciente del flujo divino de la vida, estás siendo convocado a un salto cuántico de consciencia que derribará todas las limitaciones anteriores de vos, como persona manifestante.

La Clave de la Manifestación

La cuestión no es si vas a poder manifestar tus deseos, sino cuánto tiempo más vas a resistir lo que ya es tuyo por derecho universal.

Ellos…

"Ir a terapia con vos fue un antes y un después, salvador de mi vida, de mi pareja y de mi familia. Me hizo volver a las fuentes de lo que yo era en un principio, entendiendo que la vida es simple y que las decisiones de uno son fundamentales para vivir feliz. Alejar de mi vida a la gente tóxica. disfrutar de lo que me gusta y dejar de mentirme a mí mismo para caretear la situacions con el afuera…"

"Acompañado, sos muy abrazadora emocionalmente. Me enseñaste a entenderme y escucharme mucho más a mí, cómo también a mí cuerpo…"

"Desde el día que decidí empezar con vos, un sin fin de posibilidades se me presentaron en mis pensamientos, sentí una sensación de libertad, amor y acompañamiento en esa nueva etapa de mi vida, muchas gracias…"

"Bueno, sin poder expresarlo en muchas palabras conocerte; asistir a tus sesiones fue un giro de 180 grados en mi vida. Toqué fondo y por eso decidí buscar ayuda externa, además de la contención familiar. Debo decir que después de eso pude tener una visión mucho más amplia de la que tenía, gestionar los problemas o las situaciones que se me presentaron posteriores de otra manera, con muchas de las herramientas que me diste y haciéndolo mucho más ameno para mi estabilidad emocional. Desde ya agradecerte mucho por tu dedicación para que cada uno de tus pacientes, en este caso yo mejore mi calidad de vida…"

"Dos palabras: Sin retorno. Solo depende de mi y mis elecciones…"

"Sinceridad y aprendizaje, me vienen a la cabeza y disparan otras cosas. Sinceridad; porque con vos me sentí con confianza para no guardar nada, poder hablar y contar TODO. Y eso es liberador. Da fuerza interior. Vos generas eso. Y es muy bueno. Y aprendizaje: porque me sirvió y me sirve para vivir mejor. La terapia es para eso. Porque pude contarte quién soy , porque vos intervenis con palabras y ejemplos claros y eso me sirvió para el día a día. Yo me siento y vivo

mejor gracias al paso de la terapia con vos…"

"Fue una transformación increíble, total. Una experiencia que la volvería a repetir si vuelve el tiempo atrás. Todo lo que soy hoy, se los debo a los 10 años de terapia juntos. Lo cerraría diciendo que fue una experiencia maravillosa…"

"Mi experiencia de transformación con vos fue totalmente positiva, volví a encontrarme conmigo mismo, a levantarme y creer en mí. Volví a tener la energía positiva que me caracterizaba, pero ahora super potenciada. Siento que no hay techo en todo lo que me propongo, y que gracias a psicoterapia con vos puedo llevar a mi vida todo lo que deseo. Siempre soy sincero y la verdad que si no fui más es porque me ayudaste un montón. Sobre todo a valorarme a mí, que es lo que me llevó mucho tiempo entender…"

"El tiempo de sesiones con vos me aportó en gran medida a trabajar mi autoestima y atravesar un duelo de pareja que no podía soltar. La verdad la recomiendo mucho por tu profesionalismo, escucha y acompañamiento en procesos grandes y difíciles…"

"Empezar terapia me dio un enfoque distinto de la vida, por lo que sabes, tu trato, profesionalismo y por otro lado tu enfoque personal y formas de tomarte tu propia vida. Se nota que sos coherente. Llegué a tu espacio desesperado, como la última opción, sin darme cuenta lo que me hacía falta conocerme, construir y deconstruir. Hoy puedo decir que soy yo mismo, que se a donde voy a llegar porque gozo de confianza y autoestima. Y si bien considero esto como un logro personal, en gran parte tiene que ver con vos…"

"Creo que tu espacio es de comodidad, confort y seguridad al contarte lo que uno le pasa y siente. Eso me liberó mucho…"

"La experiencia fue muy buena en el sentido de ver la vida de otra man-

era.Y de saber que no existen límites para lograr lo que uno realmente quiere en la vida. Perseguir los sueños y saber que esos sueños que muchas veces vemos imposibles me hiciste ver, que son realmente alcanzables. Y que podemos concretarlos teniendo ciertos hábitos, enfocándonos en eso y siendo positivos. Porque la mayoría de las veces vemos nuestros sueños inalcanzables y en realidad somos nosotros mismos los que nos ponemos una barrera. Tu punto de vista como terapeuta me fue muy interesante porque me mostraste que todo es alcanzable con planificación, perseverancia y optimismo. Y que también es posible rediseñar y volver a elegir…"

"La terapia me ayudó a sentar cabeza y a tomar determinadas decisiones que favorecieron en mi ámbito profesional, y en lo social. Eso fue muy importante para mi…"

"Con vos aprendí, en lo que respecta a las relaciones humanas, a tener cierto grado mayor de tolerancia y paciencia con algunas situaciones. Y también a tener el coraje de poner ciertos límites que no ponía. Para que no me invadan en mi espacio personal y mi desarrollo. Y ver que los vínculos son también un espacio de proyección y crecimiento personal. Poder gestionar mejor mi libertad y sentirme más feliz.."

Ellas…

"Para mi el espacio es liberador. Valioso. Me siento escuchada y comprendida. Me ayuda a ser mejor persona. Alguien a quien le estoy sumamente agradecida por transformar mi vida, día a día para bien…"

"Me sentí contenida. Entendida. Aliviada. Con claridad en el accionar futuro. Reseteada…"

"Acogedora y sanadora. Transformadora. Siento que me salvó. Fortalecedora del autoestima Un reinicio de sistema, un reencuentro con "mi verdadero yo", reconfortante, educativa, y el buen humor no faltó…"

"Hacer psicoterapia con vos me abrió la mente y me ayudó a ver los problemas desde otra perspectiva, lo que parecía un callejón sin salida, note que pude salir…"

"Agradecida para siempre sería mi forma de describir mi experiencia con vos por todo lo que me ayudaste a descubrir de mi pasado y como me ayudaste a sostenerme para seguir adelante…"

"Un espacio seguro para mostrarme tal cual soy, descubrun montón de herramientas que necesitaba y que uso hasta el día de hoy. Sos empatíca y amorosa…"

"Nunca me sentí juzgada. Algo que temía por experiencias traumáticas anteriores con colegas tuyos. Gracias a vos resignifique el espacio y entendí que sólo yo puedo reconocer el valor que hay en mi…"

"Una experiencia de crecimiento, transformación, expansión y sobre todo de empoderamiento…"

"Me llenó de herramientas para enfrentar mis desafíos con fortaleza y seguir adelante. Me rescató de mi misma y me ayudó a encontrar la manera de atravesar mis procesos con seguridad…"

"Con vos tomé la decisión más importante y acertada. Dejar el trabajo de empleada de comercio y abrir mi centro de estética, que hoy hace 10 años sigue en pié. Salir con la sensación de que todo va a estar bien y sentirme tranquila…"

"Mi experiencia con vos fue como de pura luz que iluminó el camino totalmente oscuro donde me encontraba. Muy positiva y tu trato al paciente, es excelente…"

"Totalmente positiva y sanadora, en donde aprendí y aprendo a quererme a mi misma primero, para querer a los demás…"

"Mi propio espacio para expandirme y generar mi absoluta potencia…"

"Fue un crecimiento interno, varios descubrimientos, y saber que siempre se puede salir adelante de situaciones difíciles. Me ayudaste a dar el paso de ver lo que no veía en mí. Abrí una puerta enorme que cada vez se abre más…"

"En pocas palabras es difícil describir lo que significas en mi vida. Sos mi inconsciente que no quiero escuchar, mi guía y mi contención…"

"Fuimos una sola vez con mi ex pareja, no quiso ir más. Pero fuiste amable, atenta, nos escuchaste y tenias muchas ganas de trabajar. Así que gracias por eso…"

"Totalmente positiva y sanadora, en donde aprendí y aprendo a quererme a mi misma primero, para querer a los demás…"

"Liberadora. Me ayudaste a la toma de decisiones. Constructiva. Del desequilibrio a la transformación virtuosa. Diría "un sin retorno", sólo depende de vos y de tus elecciones…"

"Yo usaría una frase muy cortita pero con mucho sentido para mí, la terapia fue: En el tiempo preciso…"

"Un reinicio de sistema, un reencuentro con mi verdadero yo…"

"Mi experiencia con vos es la mejor, te recomendaría siempre. Bella por fuera y por dentro, y cómo profesional excelente…"

"Tenes una capacidad de escucha y empatía, sobre todo con el adulto mayor y una paciencia extraordinaria pero también una agudeza poco común y una capacidad para las intervenciones que no dejas escapar eso que emerge. No es muy frecuente. No son cualidades que tenga todo el mundo. Con vos he cerrado un ciclo de dos analistas previos con mucha trayectoria…"

"Agradecida para siempre sería mi forma de describir mi experiencia con vos por todo lo que me ayudaste a descubrir de mi pasado y como me ayudaste a sostenerme para seguir adelante…"

"Me ayudaste y me seguis ayudando a transitar la vida en armonía primero conmigo para luego con los demás…"

"Diría que disruptiva…"

"Hiciste que yo vea el valor que había en mi, pude salir de mi zona de confort, dejar de tener miedos tontos, que no existen, pude darme el valor que merezco, alejarme de gente que no suma, dejar de estresarme por cosas externas a mi…"

"Cada día estás más hermosa y llena de luz. Sos inolvidable para mi. Siempre tan precisa tus palabras. Evolucioné con vos. Aprendí a amarme. Estas en mi corazón. Gracias…"

"El camino de salvarme y encontrarme, reconociendo que brillar hace bien y si alguien se encandila, besitos y muchas gracias…"

"Solo agradecer. Me ayudaste a volver a confiar en mí misma, después de cada sesión siempre me siento tranquila y empoderada. ¡Sos la mejor ! No suelo recomendar a nadie pero a vos siempre lo hago. Y este mensaje te lo estoy mandando desde el Aeropuerto Internacional de Ezeiza, camino a Berlín ¿Qué más

es posible ? Beso enorme…"

"Tranquilidad, amor, paz. Se que no es una oración o frase pero es lo que sentí siempre en nuestro espacio…"

"Gran capacidad de escucha activa, empatía y manejo intuitivo. Intervenciones oportunas y certeras que ayudaron a promover cambios necesarios y/o deseados en mi. Actualización y capacitación constante…"

"Aceptar nuestra oscuridad y desde ahí comenzar el cambio…"

"La verdad que agradezco siempre el haberte encontrado. Tantas cosas lindas que decir. Se podría resumir en que me cambió la vida para mejor, me ayudó a mirarme con otros ojos y aprender a quererme y valorarme. Tu energía y luz fue renovadora. Y te quiero mucho. ¡Siempre vas a ser la mejor recomendación que puedo dar!…"

"¡Me hiciste muy bien! Fuiste quien sostuvo el espejo para que vuelva a mirarme y encontrarme!…"

"Gratitud y amor infinito para quien me ayudó a trascender mi enojo y mi tristeza, llenándola de luz con tanto amor, ternura y comprensión. Te adoro…"

"Me enseñaste a amar la trama más que el desenlace. Sos el hada madrina del empoderamiento…"

"Me motivaste a animarme, a emprender, a capacitarme y crecer. A ser cada vez más yo misma…"

"El espacio fue de un aprendizaje constante, de confiar en mí y de que

puedo brillar siempre..."

"Generadora de paz, yo hice barras de acceso a la consciencia con vos y me cambió para bien..."

"Me ayudaste a despertar, a valorarme, a reconstruir esa parte de mí que creí demolida. Sos magia pura..."

"Le das un giro a la profesión. La sacas del formato clásico. Es un camino de ida con vos. Es como que te encontras con un espacio diferente. Con todas las potencialidades. Y a veces pensamos tan chiquito, que no nos animamos a ver todo lo que se puede lograr y desplegar. Gracias por eso.."

"Confiar en mí para confiar en otros. Como decis vos; sola llegas rápido, en red lejos. Yo quiero ser parte de tu red y vos de la mía..."

"Experiencia sumamente positiva. Encontré empatía, sencillez profesional en las charlas, y llegar a descubrirme a mí misma; con desafíos, incomodidad e intervenciones, aprender que mi mundo lo construyó yo desde mi amor propio..."

"Me permitió aclarar y replantear aspectos míos que no me permitían avanzar..."

"Haciendo psicoterapia con vos puedo ser yo misma y mostrarme como soy, y aún con un mal día salir con una sonrisa diciendo: puedo con esto y más..."

"Transformadora, realista y sanadora. Un antes y un después..."

"El espacio es intenso y profundo. Momentos de reflexión donde reconocer

la capacidad de romper mis propios límites. Vos siempre dispuesta y disponible en presencia y distancia…"

"Sos la mejor lejos. Aprendí que lo que opinan otros dice más de ellos que de nosotros. ¡Juzgamos con nuestros patrones! ¿Quiénes somos para juzgar? Yo entendí que es un proceso y elijo la palabra CONFIAR. Entendí que no podemos controlar nada, que todo fluye y eso es liberador. Dejé de auto exigirme y me permito sentir mis emociones y gestionarlas sin quedarme a vivir ahí. Sos generosa y la más amable…"

Ejercicio de Inspiración

Crea tu Playlist

• Selecciona canciones que te alegren y te llenen de energía positiva. Inclui tanto tus favoritas como algunas con letras inspiradoras. Escucha esta playlist cuando necesites un impulso.

Juego de Historias

• Invita a algunos amigos o familiares al juego. Cada persona cuenta una anécdota personal que tenga un toque inspirador, motivacional o divertido. Podes incluso asignar temas como "superación de desafíos" o "momentos de felicidad inesperada."

Crea tu Mapa de Sueños

• Con revistas viejas, impresiones, tijeras y pegamento. Dedica un tiempo a recortar imágenes y palabras que representen tus sueños y aspiraciones. Pega todo en un cartón grande para crear tu propio "Mapa de Sueños". Colócalo en un lugar visible para recordar tus metas y mantenerte on fire.

Escribí una Carta

• Dirigida a tu yo del futuro. Descríbile tus sueños actuales, tus logros y lo que esperas haber logrado en los próximos cinco años. Sella la carta y guárdala en un lugar seguro para abrirla en la fecha que hayas decidido.

Sesión de Fotos

• Organiza una sesión de fotos temática para vos o con amigos. Escoge un tema original, como "superhéroes", "viaje al espacio" o "retro 80s". Vístete acorde al tema y toma fotos creativas. Este ejercicio no sólo te inspira, sino que te saca del drama y te proporciona recuerdos divertidos para compartir.

Microaventuras

• Planifica pequeñas aventuras espontáneas. Puede ser un paseo en bicicleta a un lugar nuevo, un picnic en el parque, una noche de karaoke en casa o un día explorando lugares interesantes en una ciudad que nunca habías visitado.

AGRADECETE: Si tu historia sirvió para inspirar a una persona y transformar su vida, agradecerte. Agradecete si en lugar de ser indiferente volviste la mirada a alguien que lo necesito. Agardecete porque fuiste al encuentro del mundo siendo vos. No te juzgues confiado, ingenua, cada uno da lo que tiene. Quien no pudo apreciarlo se lo perdió. Segui siendo vos. Agradecete por tus caídas, agradecete por agarrar fuerte el piso para impulsarte. Agradece tus lágrimas, tu desesperación, agradece la frustración que te movió de ese lugar que no era para vos. Agradece los abrazos que recibiste, agradece las oportunidades que gestionaste, agradece tu respiración. Agradece tu paciencia. Agradece tu potencia. Agradece tus ganas de vivir.

Agradece por todo y por todos. No hay errores. Tu historia es la que tenías que vivir. Aunque parezca cruel. Aunque duela. Aunque hoy no comprendas muy bien. Te lo prometo, hay bendiciones ocultas.

PREGUNTA: Cuando elegí mi profesión a los 13 años, nunca imaginé cuántas vidas impactaría. Solo escuché algo dentro de mí que susurró: "psicología". En ese momento, no tenía plena conciencia de la profundidad de lo que aprendería ni del compromiso humano que implicaba. Hoy, después de 20 años de ejercicio, puedo decir con certeza que nací para esto

A lo largo de mi camino, he descubierto que todo aquello a lo que nos alineamos nos controla, pero también nos controla lo que resistimos y rechazamos. Siempre que usamos energía para sostener o combatir algo, seguimos atrapados en su influencia.

La consciencia, en su verdadera esencia, nunca crea separación; al contrario, genera unicidad. Si lo que llamamos consciencia nos lleva a distanciarnos de otros, a sentirnos superiores o a hacer diferencias, entonces no es consciencia. Estamos operando desde otro lugar, el ego. En la consciencia todo está incluido.

Y si hay algo en nosotros que no puede recibir esta verdad, ¿*estarías dispuesto a soltarlo*?

Una herramienta que he compartido con mis pacientes es el poder del "interesante punto de vista". El cual no significa simplemente decir "qué interesante que tengas ese punto de vista y yo otro". Se trata de adoptar una mirada genuina de curiosidad, de estar dispuestos a ver desde un ángulo diferente aquello que, desde nuestra posición, quizás no podríamos comprender

Cuando no te alineas ni compras una idea pero tampoco la rechazas o resistis, simplemente sos. Ahí es donde existe la posibilidad de una elección infinita.

RESPONDE: _____

_____

_____

_____

_____

_____

VERDAD CLAVE: "La calidad de tus relaciones con el mundo exterior refleja la calidad de la relación que tenes con vos mismo, en tu interior."

En un mundo creado para héroes ser heroína es un acto de profundo amor propio. Somos heroínas en un mundo hecho para héroes

Una mujer transformadora es una mujer que se permitió ser transformada.

La carga de ser héroes es una carga muy densa para alguien que solo desea vivir en libertad y feliz consigo mismo. Animate a correrte de ese lugar estereotipado y déjate sorprender por alguien que esté dispuesta a verte más allá de un patrón estigmatizante.

Hombres y mujeres somos complemento unos de otros y no deberíamos perder nunca de vista que ambas energías se requieren para que la vida siga siendo. No hay mejores ni peores. No deberíamos buscar enfrentarnos.No creo en la división de poderes. Tampoco en los extremos feminismo machismo. Esta tensión que por siglos hemos vivido unos y otros obedece a un sistema que enuncia "divide y reinarás"

Ser y estar contribuyendo en una energía que es natural para vos como ser vivo (masculina o femenina) es la mejor y más grandiosa elección que podes hacer en tu existencia

Estos ejercicios buscan encender tu creatividad y alegría, convirtiendo cada momento en una oportunidad para inspirar y ser inspirado/a.

¡Divertite y deja que tu luz brille!

Capítulo 6: Silencio

Se dieron cuenta que está lleno de cursos de oratoria pero nadie dispuesto a escuchar. Habitar el silencio incomoda y ahí reside el crecimiento.

El poder sanador del silencio y la palabra con sentido – Cómo aceptar y comunicar nuestra propia verdad.

La validación interna, señales para tu próxima aventura

Hay un momento en la vida en el que, sin necesidad de que alguien lo confirme, simplemente sabes que estás listo para lo que viene. No porque alguien te lo diga, no porque hayas cumplido ciertos requisitos externos, sino porque lo sentís en el cuerpo. Y podes confiar en esa validación.

Creer en la voz de tu espíritu, en la guía de tu corazón, confiar en la energía de tu esencia, es lo que te muestra todas estas señales para saber qué decir, a dónde ir, con quién estar. No necesitas aferrarte a la aparente seguridad de una estructura familiar, de un país o de tu zona de confort. La verdadera seguridad nace en tu ser, en conexión con tu propia verdad, con tu esencia, con esa fuerza interna que te pulsa a más vida.

Es casi como una revelación que llega sin que nadie tenga que explicártela. Un día te das cuenta: ya es momento. El próximo suceso está a la vuelta de la esquina, lo desconocido llama a tu puerta, un nuevo nivel de consciencia te requiere. Y no sabes muy bien qué está pasando pero avanzas. Contracción, expansión, cada momento de tus elecciones es necesario para eso que llamamos crecimiento. Ambas energías coexisten cuando un salto cuántico, está siendo.

Recuerdo mis 17 años, recién terminaba la secundaria, la familia se estaba reestructurando, el duelo aún sucediendo. Sin embargo todo mi ser me mostraba claramente lo que seguía; emocionada, con la adrenalina de lo desconocido. Decidí ir a vivir a Rosario, ciudad mucho más grande que la que viví toda mi infancia y adolescencia, allí estaba una de las facultades de psicología de mi país, la pionera en materia, con mucho prestigio. Iba a tener que arreglármelas conmigo misma, mis luces y oscuridades. Es que cuando la consciencia es, ni las imposibilidades, ni los miedos o duelos te frenan.

Hace un año atrás me aconteció ese mismo proceso de contracción - expansión en el que todo mi ser me indico movimiento. Esta vez el destino sería el otro lado del globo, literal: de Argentina a Norteamérica. Siempre he creído que nuestro destino nunca es un lugar sino una nueva perspectiva, una forma diferente de percibir la realidad y de hacer con ella, de incomodarnos, de estirar nuestras estructuras hasta finalmente percibir la infinidad de posibilidades disponibles.

Permanentemente celebro cada amplitud, recibiendo lo que viene y conectando con esa frecuencia, moviendo lo que se requiera para alcanzar un nuevo espacio de consciencia.

Y ojo que cuando digo contracción no lo asocio con algo negativo y expansión, con su opuesto positivo. Nada está bien o mal. Estas son sólo definiciones de la mente racional cognitiva. Contracción - expansión son instancias que tu ser requiere para el crecimiento, ya que estás vivo y en cambio dinámico constante. Es como tu corazón, pulmones o estómago que se expanden y contraen y en esa dialéctica hay vitalidad.

Contraerse es volver a tu interior a revisar dónde estás ahora, que requiere tu ser y en dónde hay que hacer nuevo foco.

Expansión es salir al mundo a compartir tus dones, ser invitacion, ver llegar gente diversa y observar como todo lo que moviste dentro se expresa afuera,

Como es adentro, siempre es afuera.

Y lo que descubris en tu interior inevitablemente se verá reflejado en tus creaciones, en las oportunidades que atraes a vos, en la vida que finalmente elegis construir. Sólo es cuestión de escucharte y dar el siguiente paso.

Lo mágico de habitar el silencio

Vivimos en un mundo obsesionado con hablar. Hay cursos de oratoria en cada esquina, manuales sobre cómo expresarse mejor, técnicas para persuadir y convencer. Pero, ¿Quién está realmente dispuesto a escuchar? ¿Quién se detiene a habitar la incomodidad del silencio?

El crecimiento no está sólo en las palabras dichas, sino también en la pausa entre una idea y otra. En el vacío que dejamos cuando no llenamos cada instante con conclusiones o ruido de manera compulsiva, verborragica.

Nos han enseñado a hablar, sin embargo no a escuchar, mucho menos a escucharnos o a nuestra intuición, a nuestro cuerpo y sus manifestaciones. Y, a su vez, comunicar no necesariamente es comprender. Imaginense la complicación vincular. Somos seres que no se conocen a sí mismos intentando vincularse con otros que tampoco saben quienes son.

La comprensión de uno mismo y del otro viene posibilitada por un saber no cognitivo, no racional, no teórico. La comprensión es experiencia consciente. A algunas personas les toma toda la vida poder vincularse sanamente. Y algunos ni siquiera lo logran. Yo he visto niños muy pequeños ser extraordinariamente comprensivos de todo el universo a su alrededor. Y manifestar su mundo interno con total claridad.

Porque comprender no tiene que ver con educación, intelecto o edad. Tampoco con madurez psicoemocional. Es algo con lo que ya nacemos que luego anulamos por el ingreso a la cultura, el adoctrinamiento y las imposiciones.

Así es como los mandatos sociales y familiares operan en nosotros y nos bloquean. La mente racional dicta el día a día y nos vamos fragmentando, achicando y disociando de nuestro saber, de escuchar, de percibir y recibir las bondades que nos son otorgadas a todos a lo largo de nuestra existencia. Olvidemos quienes somos.

La palabra y su poder

Las palabras tienen un impacto profundo en nuestra realidad psíquica. El "cachorro humano" se vuelve sujeto gracias al lenguaje en su ingreso a la cultura, según Freud, médico neurólogo vienés quien descubrió que la mente humana está gobernada por una estructura más profunda y ancestral llamada inconsciente, configurando así lo que llamamos instancia simbólica. Nuestro inconsciente es puro significante, enunciaba Lacan, analista francés reescritor de la teoría de Freud. El inconsciente no es un depósito de ideas reprimidas, sino un sistema de significantes - palabras, símbolos y estructuras discursivas- que rige nuestra subjetividad. Es decir, aquello que llamamos "deseo inconsciente" no surge como un impulso biológico puro, sino como un efecto del lenguaje mismo. Nuestros traumas, sueños y síntomas se expresan siguiendo reglas similares a las del lenguaje: con metáforas, desplazamientos y juegos de palabras.

Cuando hablamos, no somos completamente dueños de nuestro discurso, pues el inconsciente *ya habla a través nuestro.*

Por eso, el psicoanálisis se gesta mediante un proceso de escucha profunda, donde las fallas, lapsus y repeticiones pueden revelar los deseos reprimidos de la persona y articular una verdad singular no reconocida por quien enuncia.

Imaginen la importancia de las palabras en nuestra vida íntegra. No sólo expresan pensamientos, sino que moldean toda nuestra realidad, hacen tangibles nuestros deseos y sentimientos. Llevándolos al mundo. Aprender a hablar es de los primeros aprendizajes biológicos que tenemos en nuestra niñez pero lograr comunicarnos puede llevarnos toda una vida. Es que comunicar viene atravesado por esa verdad no sabida del sujeto e implica un acto de valentía, requiere desnudarnos ante el otro sin adornos ni máscaras. Y eso no es nada sencillo. Aunque nos creamos auténtico, todos absolutamente todos vamos al encuentro de lo social con lo que llamo "un personaje" el cual, como un pilotin en día de lluvia, protege esa intimidante verdad que nos vuelve sujetos humanos.

¿Acaso lo decis todo?

Sé sincero, con vos no conmigo. Estoy segura que en las sombras de tu intimidad existen verdades que no te animas a confesarle ni a tu almohada. Y está bien. No tenes que hacerlo. Tan solo reconocerlo.

Es que reconocernos, vernos en esos lugares que odiamos de nosotros mismos y nos avergüenzan, no es nada simple de exponer.

He notado, un poco por mi profesión y escuchar a tantas personas en 20 años, que a veces elegimos hablar sin saber realmente qué queremos comunicar. Nos asusta mostrarnos. Esto sucede únicamente en nuestra especie. Y sucede debido a que el lenguaje humano tiene esa particular característica de "decir y esconder a la vez".

Es decir, cuando hablamos nunca decimos lo que en verdad queremos decir. El lenguaje al mismo tiempo que comunica, esconde. En el reino animal el lenguaje es simple y auténtico. Las personas, en cambio, nos llenamos de discursos prestados, de frases hechas, de lo que creemos que el otro quiere escuchar, de lo que pensamos que necesitan de nosotros.

¿Cuán a menudo comunicamos quien en verdad somos? ¿Cuántas veces nos permitimos la vulnerabilidad de una palabra genuina?

Aceptar y comunicar nuestra propia verdad requiere valor y no es sencillo pero sin duda es menos agotador que sostener el disfraz con el que salimos al encuentro social a diario, por toda una vida. El único motivo por el cual no lo hacemos es por temor a ser juzgados, sentirnos en ridículo, no ser aceptados. Y así nos vamos fragmentando de nuestra integralidad y mutando de self para complacer ideas que creemos vitales y que finalmente a nadie le importan.

Necesitas, primero, aprender a conectar con tu saber, validar esa verdad, permitirte toda clase de opiniones, juicios y criticas para finalmente recibirte como el ser infinito que sos.

Y aquí es en dónde el silencio y la calma cobran real valor. Solamente en ese espacio podemos habitarnos sin interferencias.

En silencio, un reto y una oportunidad

Acallarnos incomoda porque nos enfrenta con lo que evitamos. Con esas fisuras nuestras que no queremos reconocer. Nos muestra todo eso que no deseamos develar porque nos muestra las justificaciones, la falta de compromiso, la inacción, las heridas, los egoísmos y el daño que nos hemos causado. Por eso lo llenamos con palabras vacías, con ruido, con distracciones del tipo "tengo miedo, me da culpa, no voy a poder".

Atreverse a habitarlo es finalmente soltar el disfraz, la máscara que creamos allá hace tiempo en la adolescencia para "ser parte" de una familia, un grupo social, de una cultura… Escuchar el silencio, nos brinda la posibilidad de hallar las respuestas que no queremos ver porque nos interpelan, nos incomodan.

El silencio es tu maestro paciente. Te muestra que no todo necesita ser dicho, que no todo debe ser explicado o justificado. Te da la oportunidad de elegir tus palabras con empatía, en lugar de reaccionar impulsivamente. Te permite la observación sin juicio, sentir antes de responder.

¡Todo en la vida enseña, usted verá si aprende!

Cada conversación, cada silencio y cada palabra escrita nos lleva a un momento de mayor consciencia. Pero la consciencia no nace de las definiciones, las estigmatizaciones o los discursos dogmáticos. La consciencia es por definición ligera, natural y automática.

Entonces, me pregunto: *¿Estarías dispuesto a aprender sobre tu verdad y dejar de ponerte excusas para no ser?*

Cuando hablamos desde nuestro ser auténtico, cuando nos escuchamos con verdadera presencia y nos permitimos ese incómodo espacio de silencio, la comunicación se transforma maravillosamente, parece mágico.

Nuestro recibir se expande, y el ser se abre camino. Ya no se trata sólo de decir, sino de conectar. Ya no es sólo hablar, sino sanar.

Habitar el silencio y usar las palabras con consciencia nos otorga un poder inmenso: el poder de elegir qué creamos en nuestra vida y cómo impactamos significativamente en la de los demás.

Quizás sea momento de dejar de preocuparnos por hablar bien y empezar a aprender a escuchar de verdad. Con el corazón.

¿Qué elegís comunicar hoy?¿Desde qué lugar estás hablando y escuchando?

Lulu, una maestra inesperada

El silencio tiene un valor inmenso. En él, la mente se acalla y el corazón toma la palabra. Es en ese espacio donde la observación genuina florece: ver sin juzgar, escuchar sin interpretar, sentir sin apresurar. Es allí donde nos conectamos con un lenguaje más profundo, el que surge del alma, sin la rigidez de la razón.

Mi hija Lulu, me regala esta sabiduría divina con su sola presencia. Ella vive desde la esencia del ser, con amor genuino y una alegría existencial extraordinaria, que no requiere sobreinterpretaciones. Su mirada sin juicios, libre de pretensiones, sobreinterpretaciones y transparente, me recuerda a cada paso lo que realmente importa en la vida: la conexión humana sin máscaras, ni condicionamientos.

Hace 14 años elegí maternar junto a ella. No fue un camino fácil, pero sí uno de mucho aprendizaje y una transformación íntegra de mi ser. Ella se convirtió en mi maestra. Me mostró que su condición no es una limitante, sino una expresión más de la biodiversidad humana. Ver más allá de su cromosoma extra, me enseñó a abrirme a una nueva forma de entender la vida, donde la perfección no está en lo que encaja en ciertos moldes impuestos, sino en lo que desborda amor. Ser su mamá ha sido y es la experiencia más potente que me ha tocado vivir hasta acá. No creo que alguien pueda siquiera imaginar los desafíos que este maternar conlleva.

Lulu pertenece a ese universo llamado comunidad síndrome de Down; es un Universo muy feliz, de una enorme calidez y potencia a nivel social. Estas personas tienen una voluntad de mostrar al mundo quienes son y tienen unas ganas enormes de hacer cosas. Si hoy esperas la llegada de un bebé con síndrome de Down, sé por lo que estás pasando: tus voces en la cabeza, la angustia y el temor por el futuro. El miedo a lo desconocido es natural, te entiendo. Pero antes de juzgarlo como algo negativo, te invito a que te permitas conocer las diferencias que habitan el mundo. Y a su vez, sepas que no estás solo/a. Hay una comunidad dispuesta a acompañarte, a tenderte la mano y a mostrarte que, aunque el camino es singular, está lleno de luz.

También decirte que hay un límite de neurosis el cual vas a tener que aprender a gestionar, si queres acompañar la vida de tu hijo de manera sana. Porque, verdaderamente, hoy me doy cuenta que esto nos pasa a todos. O ¿no?.

Pensa lo siguiente: si te pusieran a cargo de alguien y te dijeran hace a esta persona como vos queres que sea. Y vos lo haces. ¿Qué crees que pasaría?. La volves loca. Porque como digo siempre, el otro (hijo, hermano, desconocido) es otro.

Entonces, hay un lugar en que como padres debemos poder reconocer a ese hijo como un otro, y dejar de hacer con él lo que nosotros consideramos que es mejor. Y simplemente impulsarlo a ser el mejor que pueda ser, con sus potencialidades o limitaciones; en un contexto de realizarse como persona. Básicamente esto es para todos los hijos. Tengan o no una condición. O sea, resignificar a ese ser como persona humana en un contexto familiar y social.

La ciencia aún los llama "error cromosómico". Yo sé que la naturaleza no comete errores. Estos seres llegan con un propósito: despertar en nosotros la capacidad de amar sin condicionamientos, de comunicar sin palabras y de celebrar la vida en su forma más pura. Si estás dispuesto a recibirlos, te aseguro que transformarán tu existencia para bien; y para siempre.

Cuando nos animamos a tomar las riendas de nuestra vida y de nuestro ser, no sólo creamos nuestros sueños y nos transformamos de forma dinámica, sino que también inspiramos a otros en su propio proceso de cambio.

La forma en que conectas con vos mismo es la misma con la que conectas con los demás, y desde ahí generás impacto. La clave para comunicar con autenticidad es comenzar por el self, por esa voz interior que necesita ser escuchada antes de poder expresarse con intención.

En este proceso, detenerte a pensar en lo que los demás quieren o esperan oír es anularte subjetivamente, buscar la aceptación o validación ajena.

Todos somos estrellas perdidas tratando de iluminar la oscuridad. Nacemos con dones que merecen ser explorados para luego ser compartidos. Enfocarte en lo que el universo a tu alrededor quiere escuchar, es entrar en sus puntos de vista y, con ello, disminuirte, limitar tu potencial humano natural y bloquear tu verdadera esencia.

En un mundo donde pocos se atreven a simplemente ser, tu autenticidad marca la diferencia. Animate, dale, vos podes inspirar a muchos más hacia las transformaciones que realmente necesitan.

Ejercicio del Silencio: Conectando con tu Ser

El silencio no es vacío, es el espacio donde podemos escucharnos realmente. En un mundo saturado de ruido, encontrar momentos de silencio nos permite acceder a una claridad profunda y expandir nuestra conciencia.

1. Busca un espacio tranquilo

Donde no tengas interrupciones. Puede ser en tu hogar, en la naturaleza o cualquier sitio donde te sientas en calma.

2. Adopta una postura cómoda

Sentado cómodamente o con la espalda en el suelo, recostado si lo preferís. Lo importante es que tu cuerpo esté relajado, presente y calmado.

3. Cerra los ojos y respira profundamente

Inhala por la nariz en cuatro tiempos, sostene el aire unos segundos y exhala lentamente por la boca. Repetí este proceso varias veces hasta que sientas el cuerpo completamente relajado.

4. Observa el silencio

No intentes llenarlo con pensamientos. Sólo percibí el espacio, el sonido del ambiente, tu respiración. Si aparecen pensamientos, seguramente así será, simplemente observarlos sin engancharte en ellos. No intentes frenarlos

5. Hacete una pregunta y escucha

En este estado de calma, formula la siguiente pregunta:

¿Qué es lo que realmente sé y aún no estoy reconociendo? ¿Qué es verdad para mí en este momento? Si soltara todos los juicios y expectativas, ¿Qué crearía eso en mi vida?

6. Permitite que las respuestas emerjan

No las fuerces. Solo mantente presente y receptivo. A veces, la respuesta no vendrá en palabras, sino en sensaciones, imágenes o intuiciones.

7. Agradece y regresa lentamente

Después de unos minutos, lleva la conciencia nuevamente a tu cuerpo, move suavemente los dedos y abrí los ojos.

8. Escribi tus impresiones

Si lo deseas, anota lo que hayas sentido, pensado o percibido.

Beneficios de este ejercicio:

✓ Mayor claridad mental
✓ Conexión con tu intuición
✓ Reducción de ansiedad y estrés
✓ Expansión de conciencia y creatividad

Plus: Ejercicio para una Comunicarnos Asertivamente

La comunicación asertiva nos permite expresar lo que sentimos, pensamos y necesitamos de manera clara y respetuosa, sin agredir ni someternos a los demás. Este ejercicio te ayuda a fortalecer tu capacidad de expresarte con confianza y empatía.

1. Conecta con tu intención

Antes de hablar, pregúntate: *¿Cuál es el mensaje que realmente quiero transmitir? ¿Desde qué emoción estoy comunicando: miedo, enojo, calma y claridad? ¿Mi intención es construir o generar más caos - reaccionar -?*

Ejemplo: ¿Sentis enojo?. En lugar de dejar que te domine, reconoce la emoción y decidite a expresarla desde un estado de serenidad. "Si a todo como es". Sólo observación consciente.

2. Usa este modelo de comunicación asertiva (o el que prefieras):

• Expresa cómo te sentis ☞ "Me siento..."

• Describí la situación sin juicio ☞ "Cuando sucede..."

• Explica por qué te afecta ☞ "Porque para mí significa..."

• Propone una solución o expresa tu necesidad ☞ "Me gustaría que..."

Ejemplo: En lugar de decir "Nunca me escuchas, siempre haces lo que queres."

Proba con decir "Me siento ignorado cuando no tomas en cuenta mi opinión en nuestras decisiones. Para mí es importante sentir que mi voz también cuenta. Me gustaría que podamos encontrar juntos una solución."

3. Ejercita la escucha activa

La comunicación no es sólo hablar, sino también escuchar con presencia. Para practicar:

> • Mira a la persona a los ojos
>
> • No interrumpas
>
> • Valida lo que dice: "Entiendo que para vos esto es importante."
>
> • Pregunta para aclarar: "¿Cómo te gustaría resolverlo?"

4. Ajusta el tono y lenguaje corporal

> • Mantene una postura abierta y relajada

• Habla con un tono firme pero amable

• Evita cruzar los brazos o hacer gestos de impaciencia.

5. Reflexiona después de la conversación

¿Logré expresar lo que quería sin agresión ni sumisión? ¿Escuché realmente a la otra persona? ¿Cómo puedo mejorar mi comunicación la próxima vez?

Beneficios de este ejercicio

✓ Te ayuda a expresar lo que pensas sin miedo
✓ Mejora tus relaciones personales y profesionales
✓ Aumenta tu confianza y claridad al hablar
✓ Reduce conflictos y malentendidos

La comunicación asertiva es una habilidad que se fortalece con la práctica. Cuanto más consciente seas de cómo te expresas, más impacto positivo tendrás en los demás y en tu propia vida.

El silencio es un portal. Atrévete a habitarlo y descubrir lo que tiene para mostrarte.

AGRADECETE: Tomo este momento para agradecerme profundamente por haberme permitido el espacio necesario para habitar el silencio y escuchar mi verdad. Gracias a ello, estoy logrando validar la riqueza de mi ser y la sabiduría que reside en lo más profundo de mi alma.

Gracias por tener el valor de desconectarme del ruido del mundo exterior y aunque eso conlleve ser juzgado. Gracias por permitirme la pausa y el silencio, en dónde encuentro claridad y posibilidades. Gracias a confiar en mi intuición y abrazar mi autenticidad sin miedo.

Soy consciente de que al escucharme, estoy construyendo una vida más plena y dinámicamente significativa. Agradezco mi compromiso conmigo mismo y mi capacidad de seguir creciendo y aprendiendo.

PREGUNTA: ¿Estás dispuesto a aprender sobre tu verdad y dejar de ponerte excusas para no ser? ¿Qué eliges comunicar hoy? ¿Desde qué lugar estás hablando y escuchando? ¿Qué eliges creer hoy? ¿Vas a alimentar tu ser con posibilidades y expansión? ¿O seguirás consumiendo compulsivamente la toxicidad del mundo, dejando que te envenene sin esfuerzo alguno? ¿Desde dónde estás eligiendo crear tu futuro?

RESPONDE: _____

_____

_____

_____

_____

_____

VERDAD CLAVE: Todos quieren hablar, pero muy pocos saben escuchar. El silencio incomoda porque revela lo que callamos. En esa pausa habita el verdadero crecimiento. Las palabras sólo sanan cuando nacen de la verdad.

Quien habla sin consciencia, solo hace ruido.

Quien se escucha, se transforma. La vida nos susurra lecciones a cada instante. Vos decidis si las ignoras o aprendes de ellas.

Capítulo 7: Insatisfacción

Si alguien te regalara una caja con todo lo que has perdido en la vida qué sería lo primero que buscarías?

Añorar lo que no tengo, despreciar lo que sí está - el eterno inconformismo de ser humanos.

Nunca antes en la historia de la humanidad tuvimos tantas opciones, tantos caminos posibles, tanta información disponible y tanta celeridad.

Sin embargo, ¿Por qué sentimos, entonces, ese vacío existencial tan potente? ¿Por qué seguimos experimentando esa insatisfacción constante, este ruido interno que no cesa aunque afuera todo se vea "correcto"?

Vivimos rodeados de estímulos, de voces, de opiniones, de soluciones rápidas, de fórmulas de éxito. Y tan poco en contacto con lo esencial.

Una conexión genuina con otros - sobre todo con nosotros mismos -, se ha vuelto escasa o nula. Nos desplazamos por la vida como si todo fuera urgente, para ayer, sin darnos permiso para detenernos, mirar adentro y reconocer qué es lo que verdaderamente estamos sintiendo, o qué deseamos. Observación desprovista de urgencias, conexión sin control o expectativas, parecen ser ideales utópicos.

No nos damos ese espacio de amabilidad para gozar del vivir.

Eso que los italianos llaman " la dolce far niente" y significa "la dulzura de no hacer nada", o "el placer de la ociosidad". Expresión que destaca la importancia en la vida de disfrutar de un descanso y de la tranquilidad, sin la necesidad de estar constantemente ocupados o productivos. Enfatizando la belleza y el placer que se pueden encontrar en el simple acto de no hacer nada.

Disfrutar del momento presente, en soledad o con un otro significativo; es una gran invitación para nosotros, los occidentales. Se trata de un llamado a relajarnos y apreciar las pequeñas cosas de la vida, sin la necesidad de estar siempre pensando en el futuro o en las tareas pendientes.

"Dolce far niente" no es sólo una frase, es una filosofía de vida que valora el descanso, la calma y la tranquilidad como parte esencial del buen vivir del ser humano.

Por donde sea que mires, se observan personas añorando lo que no tienen, obsesionados con lo que "les falta"; refiriéndome claramente a "cosas o estatus". Corriendo de un lado a otro, estresadas, ausentes de sus propias elecciones, fantaseando vidas ajenas.

Mientras ignoran o desprecian la propia, lo que ya les fue otorgada, la que existe en realidad. Y así, desde esa ausencia de presencia, de gratitud, de valoración genuina, toman decisiones que los alejan aún más de sí mismos.

La raíz de la insatisfacción no está en lo que falta, sino en la falta de presencia con lo que verdaderamente ya tienen. En no habitar el momento. En no reconocer lo que ya es.

Así vamos creando caminos desde la escasez, no desde la consciencia. Elegimos desde la confusión de la prisa, en lugar de hacerlo desde la claridad de la serenidad. Seguimos pasos impuestos por otros, con la esperanza de encontrar respuestas que en realidad sólo pueden nacer desde lo más profundo de nuestro ser.

¿Qué pasaría si nos diéramos el permiso de crear un camino distinto?

Un camino donde la meta no sea llenar un vacío, sino habitar lo que somos. Uno donde el aquí y ahora no sea un obstáculo, sino el punto de partida. Uno donde reconocer lo que ya somos sea el verdadero acto revolucionario. Y en el cual lo que tenemos, una materia de gratitud absoluta.

Quizá el nuevo camino no se construya avanzando más rápido, sino deteniéndonos.

Respirando. Escuchando. Volviendo al cuerpo. Al instante. A la verdad interna. Y desde ahí, desde ese lugar donde no falta nada, donde todo está siendo, poder simplemente comenzar.

Por ahora seguimos demasiado invadidos de información basada en puntos de vista fijos y definiciones rígidas. La ciencia, por ejemplo, construye certezas y modelos predecibles. Lo mismo sucede con la inteligencia artificial; procesa información preexistente y genera resultados basados en patrones y probabilidades.

Pero, ¿Y si dejáramos operar desde lo predecible y entraramos en la consciencia de las múltiples posibilidades?

Aquí la física cuántica tiene todo que aportar; ofreciéndonos una perspectiva de futuro que deja de ser una línea recta, porque cualquier cosa puede cambiar en un instante. Una sola elección diferente puede transformar toda tu realidad, derrumbando cualquier pronóstico basado en algoritmos. En estado de consciencia expandida, nos convertimos en una explosión de posibilidades. En cambio, cuando operamos desde una perspectiva puramente newtoniana, estamos atados a la repetición, a estructuras fijas, fácilmente replicables por la IA. No hay creación, sólo imitación.

Entonces, ¿Desde dónde vas a seguir eligiendo crear tu futuro hoy?

Si te limitas a lo conocido, a lo establecido, tu vida va a ser muy predecible. Si te abrís a nuevas posibilidades, entrás en un espacio donde todo puede cambiar en cualquier momento. Y ahí es donde la verdadera transformación ocurre.

ESTADÍSTICAS:

A nivel mundial, 2 tercios de los 8 mil millones de personas que habitan este planeta morirá por enfermedades prevenibles. Aproximadamente el 13% de todas las muertes en el mundo se atribuyen a enfermedades que afectan al corazón y circulación: cardiopatías, ACV, enfermedades respiratorias crónicas, cáncer y finalmente diabetes. Cerca de 400 millones de niños pequeños sufriran, y sufren, algún tipo de violencia en sus hogares. El 9% de la población mundial tiene desnutrición. 149 millones de niños menores de 5 años muestran retraso en su crecimiento a causa de esto. Se estima que 582 millones de personas vivirán en desnutrición crónica en los años venideros. 1 de cada 3 mujeres es víctima de violencia física o sexual en algún momento de su vida. En promedio los hombres tienen una tasa de mortalidad más elevada que las mujeres. Las causas varían. Pero la expectativa de vida global en hombres es de 70 años, 76/78 en países ricos.

Y en mujeres globalmente, 75 años; 81/83 años en países desarrollados.

En el continente americano, por primera vez en este siglo, la esperanza de vida está disminuyendo drásticamente. [1]

¿Cómo cambiamos esto? **Eligiendo.**

PORQUE YA NO SE TRATA SÓLO DE PREVENIR ENFERMEDADES O LA MUERTE, SINO DE APRENDER A VIVIR LA VIDA.

En la vastedad de nuestra existencia, caemos en un ciclo sutil y profundo: añorar lo que no tenemos y despreciar lo que sí está. Es una trampa casi invisible. Nos roba el presente, nos arranca la capacidad de valorar la belleza de lo cotidiano. Somos soñadores insaciables, siempre en busca de lo que parece estar más allá, mientras ignoramos el milagro que ya habita en lo cercano, lo verdadero, del acá.

Vivimos bombardeados por imágenes de vidas perfectas, logros ajenos, metas inalcanzables. Las redes sociales nos muestran una felicidad editada, una existencia maquillada que nos hace sentir insuficientes. Así, nos perdemos en la trampa de la comparación, creyendo que la felicidad está en lo que no tenemos, en lugar de reconocerla en lo que ya somos.

Esa comparación constante nos lleva a una insatisfacción crónica. Nos sentimos incompletos, como si siempre faltara algo más. Esa sensación erosiona la salud mental, alimenta la ansiedad, la tristeza, la envidia, la depresion y el suicidio. También hiere nuestras relaciones: nos aleja de quienes amamos, porque nos hace sentir más o menos; nunca iguales, nunca realmente conectados.

¿Hay un antídoto? Bueno, para mí sí existe. Al menos a mi me ha funcionado en momentos de mucha oscuridad y desesperanza. Se llama Gratitud.

Ser agradecidos nos devuelve al presente. Nos enseña a ver lo que ya hay, a valorar lo que ya fue ganado, a encontrar belleza incluso en lo roto. La gratitud no niega el deseo de avanzar, pero lo ancla a una base sólida. Nos recuerda que no todo está perdido. Que no todo es insuficiente. Que ya somos abundantes de muchas y maravillosas formas.

Desde mi mirada, la verdadera felicidad está en ese equilibrio sutil entre desear más y valorar lo que ya somos. Es una danza entre las expectativas de nuestra vida y la gratitud por todo lo que acontece. No hay fórmulas mágicas, sólo práctica, observación y compasión hacia uno mismo.

Siempre me ha intrigado esa confusión que nos genera la psiquis, ser consciente que hay algo más pero no afuera sino esperando por emerger en el adentro. He vivido, sentido y presenciado el deseo por algo que no estaba en mi vida, sin apreciar lo que sí estaba. Y luego, cuando las cosas cambiaron - por elección o por destino-, pude apreciar el valor que tenía aquello que no supe ver en su momento.

SI HOY TUVIERA EL PODER DE BUSCAR LO QUE SIENTO QUE PERDÍ EN ALGÚN MOMENTO DE MI VIDA, EN ESA CAJA MÁGICA DE OBJETOS PERDIDOS, CREO QUE IRÍA DIRECTO A MI INOCENCIA. ESA

INGENUIDAD CON LA QUE OBSERVABA EL MUNDO EN LA NIÑEZ, ESA CAPACIDAD NATURAL DE CONECTAR CON LA ALEGRÍA DE VIVIR, DE SORPRENDERME CON TODO Y DISFRUTAR CADA EXPERIENCIA.

Crecer te endurece, te aleja del mundo emocional, dejas de jugar, de soñar, de amar. Y de a poco, casi sin notarlo, dejas también de vivir. Sólo vas en automático.

Resiliencia es recordar. Es volver a sentir. Es ser fénix; hacernos cenizas para renacer. No se trata de tenerlo todo bajo control, sino de buscar el equilibrio, aún en el caos. De encontrar belleza en medio de las tormentas. La resiliencia nos enseña que es posible sobrevivir, y además es posible transformar. Y que cada transformación puede nacer desde lo más simple: una elección.

Es la posibilidad de hacer realidad un sueño lo que hace la vida interesante. Los sueños nos sostienen, nos impulsan, nos dan dirección. Y cuando elevas tus estándares, el Universo responde. No porque premia, sino porque refleja. El Universo no exige sacrificios; el Universo crea milagros. Y cuando tus acciones se alinean con tus deseos, todo mágicamente fluye.

La mente humana está llena de contradicciones. Pero en medio de ese enigma, hay una certeza que puede guiarnos: aprender a valorar el presente, a agradecer lo que ya somos; y nunca dejar de soñar. Abrazar nuestra inocencia. Honrar nuestra resiliencia. Elegir hacer realidad nuestros deseos. Esa es la verdadera alquimia.

Una vida grandiosa es posible sólo cuando nos hacemos responsables por ella, en todas las áreas. Si lo dejamos en manos ajenas, nos condenamos a la insatisfacción. Y las personas insatisfechas, ¿Sabes qué hacen?

Consumen.

Redes, patrones sociales, compras compulsivas, vínculos superficiales y todo lo que cotidianamente observamos.

Cuando creemos que la solución está afuera, también encontramos culpables ahí: no tengo dinero, es este país y sus crisis, son los políticos, es mi pareja que ya no me mira, son mis hijos que me agotan, es mi jefe que siempre exige más, y un sin fin de culpables, sin responsabilizarnos.

Sin embargo, al reconocer que todo está adentro, en nosotros... ¿Qué creamos entonces?

La vida que tenes es la vida que elegís. La creaste vos. Lo aceptes o no. Seas consciente de ello o lo niegues y culpes a cualquier circunstancia. Lo hiciste para hacerte más consciente.

Ser consciente te va a dar la posibilidad de decidir si esta vida que estás viviendo sigue siendo gozosa para vos, o si ya es momento de transformarla. Y aceptarlo va a implicar tomar decisiones que pueden conllevar conversaciones incómodas o acciones difíciles. Por eso la gran mayoría de personas en el mundo, responsabiliza de la propia infelicidad, al afuera. Para no elegir. Para no incomodarse.

Ser vulnerable es estar presente con lo que vivís y reconocer que sos el creador de tu realidad, una y otra vez. Aunque esa realidad que estás eligiendo tal vez sea totalmente insana. Es desplegar tus habilidades sin caer en la victimización. Es trabajar en tu amor propio, en tu confianza y en tu capacidad de elegir, cuantas veces sea necesario para crear lo que deseas. Con compromiso individual y empatía por el otro.

Porque siendo absolutamente sincera el mayor enemigo de las posibilidades son nuestras creencias limitantes. Y creamos nuestra realidad 100% en base a ellas. Tu mente es un terreno fértil. Lo que sembras ahí dentro define lo que vas a cosechar en tu vida. Entonces, enfócate en qué ideas, pensamientos y creencias decidis incorporar. Ya que sin coherencia en tu ser, una acción enfocada y constante, tus sueños no van a suceder.

Una Visión Diferente

Mi propósito terapéutico siempre ha sido abordar la ansiedad, y todo el abanico sintomatológico que ella abarca, como una potencialidad. Realizando un abordaje integrativo de la salud a través del empoderamiento individual, incluyendo al ser en un contexto social más amplio que su propio mundo interno. Es que nuestro medio ambiente influye en gran medida en nuestros procesos patológicos. Es lo que se conoce como epigenética, es decir, cómo el medio ambiente, nuestras emociones, la alimentación, los pensamientos y experiencias pueden influir en la forma en que nuestros genes se expresan, sin cambiar el ADN en sí.

Es como si el ADN fuera un libro con instrucciones, y la epigenética fuera quien decide qué capítulos se leen y cuáles no, según lo que vivimos. O algo que es más interesante aún, lo que elegimos que vamos a vivir.

Lo significativamente valioso dentro de los descubrimientos de la observación científica, es que se comprobó que podemos influir en nuestra genética a través de nuestras elecciones y el entorno que nos creamos. Además de la forma en la que nuestro ojo, como observador, mira.

Reconocer en la vulnerabilidad nuestras mayores fortalezas creando un enfoque singular y desformateado, que se adapte a las necesidades únicas de cada persona, es la manera en la que he enfocado la clínica desde mis inicios.

Mi norte está puesto en un abordaje extraterritorial, que trascienda los límites tradicionales de la atención de pacientes. Un espacio donde todos puedan encontrar ese lugar de anclaje y puente necesario para prosperar. Porque el bienestar mental no tiene fronteras.

Este modelo distintivo y adaptable valora la individualidad y se aleja de los métodos convencionales. Promueve una visión global, inclusiva y transformadora del bienestar de las personas en esta actualidad.

En este contexto social cada vez más desafiante, muchas personas experimentan ansiedad y dificultades en su salud mental y física. Se sienten desorientados, afectados, desmotivados y sin herramientas para gestionar sus emociones o encontrar apoyo significativo. Las soluciones genéricas no resuelven ninguno de sus problemas. Al contrario, los dejan más atrapados en una espiral de aislamiento y desesperanza, que deprime enormemente. Y los consumos compulsivos o distractores, son espacios propicios para terminar de dañar nuestra capacidad de elección y vida saludable. He observado la metamorfosis dinámica y exitosa de muchas personas que han decidido responsabilizarse de su propia existencia.

Es que aún vivimos en un mundo dirigido y gobernado mayormente por poderes monarcas como en siglos pasados, que nos dictan cómo debemos vivir. Emprender tu propio proyecto de vida es darte esa posibilidad de crearla a gusto, no saliéndote del sistema pero tampoco sometiendote a él. Es estar atento a lo que funciona para vos, en todas las áreas de tu vida. Y eso requiere presencia y elección constante.

Es momento de asimilar este nuevo paradigma. Y expandirlo generativamente. De ofrecer respuestas reales a necesidades reales. De propiciar una apertura genuina a la realidad y atrevernos a transformarla.

Muchos hemos sido inspirados por un arquetipo más consciente de las elecciones como reflejo de la vida de cada uno de nosotros.

Un abordaje integrativo de la salud y la vida de las personas es mi aporte al mundo de hoy, y los conflictos inherentes a la psiquis humana.

Ejercicio de presencia en tu aquí/ahora: Cinco sentidos

Este ejercicio te ayuda a volver al aquí y ahora a través de la conciencia sensorial. Podés hacerlo en cualquier momento del día.

1. Frena por un momento

Respirá profundo. Inhala por la nariz contando hasta cuatro segundos, retené por cuatro segundo, exhala por la boca contando hasta cuatro. Hacelo dos o tres veces.

2. Observá tu entorno y responde mentalmente:

Cinco cosas que veas: mirá a tu alrededor y nombra en voz alta cinco cosas que veas. Puede ser cualquier detalle: una planta, una sombra, una textura.

Cuatro cosas que puedas tocar: sentí la textura de tu ropa, el suelo bajo tus pies, la silla en la que estás.

Tres cosas que podés oír: prestá atención a los sonidos: una voz, el zumbido de un electrodoméstico, el viento.

Dos cosas que puedas oler: El aroma en el aire, en tu ropa, en la piel o simplemente nota si hay ausencia de olor.

Una cosa que puedas saborear: Podés prestar atención al sabor en tu boca, o beber un poco de agua y notar su frescura.

3. Enaltece al menos una de esas sensaciones:

No importa cuál. El simple hecho de poder percibir ya es presencia. Hay personas en el mundo que no pueden oler, o tocar, o ver.

AGRADECETE: Agradecerte a vos mismo por estar atento y presente hoy, es un acto profundo de amor propio. Acá van algunas formas de hacerlo:

Reconociéndote con palabras amorosas. Di algo así como:

"Gracias por estar presente, incluso cuando cuesta."

"Estoy orgulloso/a de por haberme elegido en este momento."

Decírtelo en voz alta frente al espejo o en silencio con la mano en el corazón potencia el efecto. Dándote un gesto de cariño.

Podés darte un abrazo, una caricia, cerrar los ojos un momento y sonreírte con suavidad. El cuerpo también registra la gratitud.

Escribiéndotelo. Tomá un cuaderno y anotá:

"Hoy estuve presente cuando..."

"Me agradezco porque..."

"Lo que valoro de mí hoy es..."

Escribirlo ancla la experiencia y la transforma en memoria emocional.

Celebrándote con un pequeño ritual: Hacete una taza de té, una copa de vino, música suave, encendé una vela, el partido de fútbol con los chicos; lo que sientas que te honra. Que ese momento sea un regalo para vos.

Simplemente respirando y sonriendo. A veces, un suspiro profundo y una sonrisa consciente ya son un acto de gratitud interna. No hay que hacer más. Solo estar.

PREGUNTA: ¿Cuál fue el momento de clímax donde dijiste ya basta. Esto no está funcionando para mi (trabajo, una relación, un lugar, etc)?¿Vale la pena tenerlo todo si realmente no tienes libertad?¿Qué quieres elegir hoy que creará tu mañana?

RESPONDE: _____

_____

_____

_____

_____

VERDAD CLAVE: El aquí y ahora es el único lugar donde realmente existimos. A menudo, nos perdemos en el pasado o en el futuro, la mente racional, la mente condicionada, nos lleva allí. La clave está en reconocer que el presente es el único espacio de creación y transformación, posible. No podemos cambiar el pasado. No podemos intervenir en el futuro. Tu aquí-ahora, tu presente, es lo único modificable. Y por eso tiene ese nombre, porque en verdad es un regalo.

LA CALIDAD DE TUS VÍNCULOS CON EL MUNDO EXTERIOR REFLEJA LA CALIDAD DEL VÍNCULO QUE TENES CON VOS MISMO, EN TU INTERIOR.

When we learn to inhabit ourselves in the now without judgment, without excessive expectations or the pressure of time, we find a clarity that allows us to choose with awareness and freedom.

Only in this moment is there the opportunity to let go of what weighs us down, to appreciate what already is, and to build what we desire. If you could fully focus on this moment, what would you choose to feel or create right now?

Capítulo 8: Resiliencia

EL SILENCIO ROTO. RELATO DE UN ABUSO

De la supervivencia a la reconstrucción de la identidad

He atendido en mi consultorio, desde aquella primera paciente de 7 años hasta la actualidad, personas que han atravesado traumas de abuso sexual en la niñez o en algún momento de su adolescencia.

Desde mi ayudantía en la cátedra de Bettina Calvi, docente especializada en esta temática, durante mi tránsito por la Facultad de Psicología de Rosario en Argentina, me han impactado sobremanera estas historias. Cuerpos violentados, psiquis shockeadas, depresión, agresión al propio cuerpo, una vida que muta a una especie de pausa eterna; un ser deshabitándose para dejar de doler.

Haber sufrido un acto de abuso sexual es un hecho profundamente traumático. Y si ese abuso viene de la mano de quien debiera protegerte en tu niñez, tu padre o madre, ese abuso se transrfoma además en el acto siniestro más horroroso que la psiquis pueda resistir: un incesto.

Como terapeuta no me ha sido nada fácil sostener estos procesos de sanación. Y muchas veces sentí que no iba a poder. Qué podría decirle yo a un paciente al que le arrebataron la inocencia, la alegría de vivir y su niñez, de la forma más insana.

Pero así como las acciones pueden ser horror puro, las palabras pueden ser bálsamo que cura con paciencia, respeto y amor.

El abuso sexual infantil deja secuelas muy profundas en la psiquis, que no sólo afectan lo cotidiano de una persona sino su intimidad, la autoestima, el amor propio y la capacidad de confiar en un otro.

Sin embargo, sanar es posible y puede conducir a una transformación absoluta del ser.

El silencio roto: Un relato verdadero

"Entraba en mi pieza, se acostaba en mi cama y me decia al oido que no dijera nada, que era un juego entre nosotros, y que no le podíamos contar a mami"

Durante años, viví en silencio, atrapado en una prisión de culpa, vergüenza y miedo. El abuso que sufrí en mi infancia me robó todo, la inocencia, el amor de mis padres, mi propio amor, la confianza en todo adulto que estuviera cerca. Y la posibilidad de verme como un ser integro. Me volví una especie de cuerpo sin alma, casi un robot que funciona pero no está ahí. Fueron muchos años de buscar estrategias para ocultarme, de negar el dolor que mi cuerpo sentía, de no querer que nadie se acerque, ni amistades, mucho menos una pareja. Siento que el abuso puso mi vida en pausa, la congelo en un tiempo sin tiempo. Ya no sé quien soy o debería ser. Tampoco siento que pueda amar a nadie.

¿Cómo se hace para volver a vivir cuando sentís que dentro tuyo estás muerto?

No sé cómo hacerlo, No sé si tenga fuerzas para enfrentar ese dolor de nuevo.

Una mañana, después de casi 6 meses de ir a sesiones todas las semanas, me desperté y decidí romper el silencio. Hablar fue el primer paso hacia mi libertad. El camino al comienzo de mi propio proceso de sanación. Pensé que no quería ser más víctima. Que necesitaba volver a tener el control de mi vida. No fue lineal, ni liberador de entrada. Más bien sentí que regresaba a aquellos años de horror. Pero me sostuviste no sólo la mirada, la angustia y las lágrimas sino todo el cuerpo con tu presencia. Y eso sí hizo que me sacara una carga enorme de encima. Me hiciste ver que yo no era culpable de esa violencia. Que era un niño. Que no podía defenderme. Y que otros tenían que cuidarme. Hiciste que vuelva a verme sin asco, sin dolor, sin vergüenza, sin culpa. Lograste que pueda sacarme esas palabras atragantadas en todo el cuerpo y que deje de cortarme, de quemarme, de odiarme. Con tu paciencia y dulzura logras que vuelva a confiar en alguien... Sé que es un proceso con altibajos. Y que tengo que seguir caminando. Pero con tu ayuda y la terapia de apoyo grupal, estoy comenzando a reconstruir mi identidad. Aprendiendo a reconocer que el abuso no define quién soy. Y aunque cada sesión es una batalla ganada contra el dolor, mi autoestima cada día es más fuerte. Me voy reconstruyendo y amando un poco más. Para mi recuperar la autoestima fue fundamental. Porque literalmente quería morir. Me enfrenté a las creencias negativas que el abuso había implantado en mí mente, en mi cuerpo y en toda mi persona. Me mostraste otra mirada del abuso. Soy sobreviviente y tengo mucho por comunicar. Empiezo a reconocer mis logros; y me estoy viendo con compasión y respeto. Y aunque no me interesa perdonar a mi abusador, hoy por hoy al menos; creo que en un tiempo podré soltar esta limitante también.

Soy consciente que perdonar no significa olvidar ni justificar el daño, sino liberarme del peso del odio y el rencor. Lo conversamos miles de veces. ¡Todavía no puedo!. Estoy aprendiendo a ser paciente conmigo. Vos me hiciste valorar el ser paciente con mis procesos, que está bien. Perdonar a mi agresor es un acto de amor propio que va a llevarme más tiempo.

Hoy, después de casi 2 años de terapia, me considero sobreviviente, no una víctima. Cambie mi dolor por propósito. Estoy ayudando a otros que han pasado por experiencias similares. Y me ha empoderado para vivir con mayor seguridad y alegría en mi vida...

(Prefiere reservar su nombre por el momento)

El perdón en el contexto del abuso sexual infantil es un proceso profundamente

personal y complejo. No se trata de justificar ni minimizar el daño sufrido, sino

de una decisión consciente que puede contribuir a la sanación emocional de la víctima. Según la psicología, este proceso implica un cambio interno en la víctima que puede reducir el malestar emocional y las conductas de evitación o venganza.

Es fundamental reconocer que el perdón no es obligatorio ni esencial para todas las víctimas. Cada persona debe evaluar si este camino es adecuado para su proceso de reparación psíquica. Un perdón mal entendido o impuesto en un espacio terapéutico, puede debilitar la capacidad de la persona para protegerse, haciéndola más vulnerable y facilitando la prolongación del abuso.

El perdón, cuando se elige libremente, puede ser una herramienta poderosa para liberar a la persona del peso del resentimiento y permitirle avanzar hacia una vida más plena. Sin embargo, es esencial que este proceso se aborde con sensibilidad y respeto por los tiempos y necesidades individuales de cada sujeto.

En última instancia, es una opción que debe ser considerada cuidadosamente, siempre priorizando la salud psíquica y la autonomía del paciente. Es un acto de amor propio que, si se elige, puede contribuir significativamente al crecimiento personal.

Perdonar no significa olvidar ni minimizar lo ocurrido. Significa liberarnos del peso del resentimiento que nos ata al pasado y nos impide avanzar. Sanar nuestras heridas y recuperar la paz interior. Este acto es un regalo que nos damos a nosotros mismos. Es una afirmación de que merecemos vivir sin las cadenas del odio y la amargura. No cambiamos el pasado, pero transformamos nuestro presente y abrimos la puerta a un futuro más libre, consciente, presente y pleno.

El perdón es un proceso, a veces largo y doloroso, pero profundamente liberador.

Es un camino que nos permite recuperar nuestro poder y nuestra dignidad.

Quiero cerrar este capítulo animando a todos aquellos que han transitado una experiencia similar a buscar apoyo, y recordarles que no están solos.

Si bien el abuso sexual infantil deja cicatrices de por vida, es posible que atravesarlo signifique el inicio de un camino hacia la resiliencia y la transformación. Cada historia de supervivencia es un testimonio de fortaleza y valentía.

Si estás leyendo esto y has vivido una experiencia así, recorda que tu voz importa, que tu dolor importa, que mereces ser escuchado y que hay ayuda disponible. Sanar es posible, y cada paso hacia ese estado es un acto de amor propio y de justicia para tu ser.

NO ESTÁS SOLO/A.

Y aunque hoy la desesperanza, la tristeza, y el agobio puedan ser tu cotidianeidad, tenes que saber que tu historia puede ser la inspiración que otros necesitan para develar la suya y sanar también.

Soy consciente que tus cicatrices no son sólo las visibles sino que tenes otras más profundas y dolorosas, que desafían toda capacidad humana de reconstrucción. Sin embargo estás acá, leyéndome y eso implica que tu historia es una de supervivencia, un testimonio de la fortaleza inherente en vos. Estás leyendo esto, sobreviviste una experiencia terriblemente traumática, y seguís adelante. Tu dolor no define quién sos, pero tu valor para enfrentarlo sí lo hace.

Volver a vos no es una ruta lineal y sin desafíos. Es un proceso en el que vas a necesitar tiempo, paciencia y, sobre todo, apoyo. Quiero que sepas que hay personas, comunidades y recursos dispuestos a caminar con vos, a escucharte y a sostenerte en los momentos más oscuros.

Recorda que "hablar es un acto de liberación", y "buscar ayuda es un acto de valentía". Seguí avanzando, sé que podes hacerlo. Tu historia me importa, tu voz me importa, y tu vida tiene un valor incalculable. Aunque pueda parecerte hoy difícil, la luz que requeris está dentro tuyo. Y la fuerza también. Permítete volver a vos, volver a sonreír, porque mereces vivir la vida que deseas.

Soy consciente de que el abuso dejó huellas en tu cuerpo, en tu mente y en el alma. No es sólo una herida emocional, sino una vivencia que te desconectó de todo y todos, de tu esencia, de tu propia capacidad de sentir. Permitite volver a ser refugio en tu cuerpo, volver a ser hogar. Respira conscientemente, seguis vivo/a. Cada movimiento, cada gesto de autocuidado es un acto de reparación - un paso a integrar los pedazos que dejaron rotos -, y de regreso a tu libertad.

Abrazar tu dolor no conlleva justificarlo ni perpetuarlo, sino reconocerlo, darle espacio y permitirte transitarlo con compasión. Es comprender que ese dolor es parte de tu historia, pero no tiene por qué definir tu futuro. Animate a reconectar con tus emociones, permitite volver a sentir sin culpa y recuperar la confianza en tu propio cuerpo como un territorio de vida, no de violencia.

SÉ AMABLE CON ELLO

Si estás leyendo esto y sentis que el camino se hace cuesta arriba, recorda que en tu interior hay una fuerza inmensa que aún palpita. No la apagaron. Que cada lágrima es un manifiesto de amor hacia vos mismo. Y cada grito, un acto de resistencia y renacimiento.

NO ESTÁS SOLO/A.

Aquí hay muchos seres dispuestos a acompañarte. Y en tu vida todavía hay lugar para la alegría, la plenitud y el amor.

Sentirte vivo nuevamente es posible, y comienza en el momento en el que nos atrevemos a abrazarnos completos, con todas nuestras cicatrices y con toda nuestra luz. Sobreviviste; admiro tu valor, respeto tu integridad y te impulso a que sigas amándote todos los días un poco más.

EL PERDÓN NO ES UN ACTO DIRIGIDO A TU ABUSADOR ES UN ACTO DE PROFUNDO AMOR PROPIO. TE ESTÁS ELIGIENDO POR ENCIMA DE CUALQUIER ACTO DE VIOLENCIA QUE UN OTRO "PSICÓPATA" EJERCIERA SOBRE VOS. ESTÁS ELIGIENDO TU BIENESTAR POR ENCIMA DE TU

DOLOR. ESTÁS AFIRMANDO QUE ELEGIS VIVIR CON PAZ Y ESPERANZA. TE ESTÁS ELIGIENDO POR ENCIMA DE CUALQUIER DAÑO.

PERDONAR A ESAS PERSONAS QUE NOS DAÑARON PROFUNDAMENTE, ES UNA DECLARACIÓN: SIGNIFICA QUE VOS -TU BIENESTAR-, ES MÁS IMPORTANTE QUE EL DOLOR. NO LO OLVIDES. TE ABRAZO.

Escribir sobre este tema es verdaderamente delicado. Requiere sensibilidad en el lector y en quien escribe. Un enfoque que muestre respeto por quienes lo sufrieron; y al mismo tiempo empatía, esperanza y fortaleza.

No ha sido para nada sencillo para mí desarrollarlo. Pero lo considere profundamente necesario, por los que pudieron hablar y por todos los que aún siguen en silencio.

Cada paciente que me confió su proceso, tiene mi amor eterno. Este capítulo es un homenaje al inmenso valor de todos y cada uno de ellos.

Capítulo 9: Sanar

Las palabras no se las lleva el viento, se las lleva el cuerpo.
Sanar es una elección y es tu responsabilidad.

EL CUERPO JAMÁS NOS TRAICIONA, SE ADAPTA

Si faltó el abrazo de mamá, el cuerpo puede generar sobrepeso como protección. Si sufrimos abandono, los pulmones pueden cerrarse por tristeza. Si cargamos las culpas que nos trasladaban, el páncreas puede alterarse. Si nos obligan a tragar situaciones, el estómago sufre. Si crecemos sintiendo que nuestro sostén material va a faltar, el corazón se resiente.

Nada es casual. Toda enfermedad física se nutre primero de emociones no gestionadas, de conflictos internos que se vivieron en soledad y silencio. Porque el inconsciente no distingue entre lo real, lo imaginario o lo simbólico. Sólo obedece.

Cuando un shock emocional queda atrapado, el cerebro manda una orden precisa a un órgano - médula espinal - para ayudarnos a sobrevivir, enviando impulsos nerviosos y órdenes a diferentes partes del cuerpo. Porque su única función es mantenernos vivos.

No morimos sólo por un diagnóstico. Morimos lentamente cada vez que callamos lo que duele, cada vez que el ser pide ayuda y lo ignoramos. La enfermedad es el último lenguaje que utiliza nuestro self para despertarnos. Es el grito cuando no escuchamos la intuición, cuando bloqueamos el llanto, cuando tragamos rabia, cuando anestesiamos el miedo o negamos nuestra historia.

EL CUERPO HABLA. Y SI NO LO ESCUCHAMOS ... GRITA

Cuando nos hacemos conscientes de esto, empezamos a ayudarnos. Nada allá afuera va a curarte, si no comenzas por reconocer todo lo que quedó atorado en tu cuerpo por falta de palabras y elegis sanarlo en vos.

Seamos sinceros, la medicina no cura, emparcha. Sostiene un sistema diseñado para la enfermedad.

¿Qué pasaría si todos estuviéramos sanos? ¿Existirían los médicos, los hospitales, la industria farmacéutica, los seguros de salud y todas las empresas asociadas? Claro que no.

Desde que la medicina moderna comenzó a organizarse, allá por el siglo V a.C. con Hipócrates, fuimos asumiendo que la salud es algo externo. La ciencia avanzó, pero se enfocó en prolongar la vida artificialmente. Más prótesis, más antibióticos, más vacunas, más intervenciones.

Sin embargo, mi hermoso lector, sanar no es un destino, es un camino. Y empieza el día en que te preguntas: *¿Qué heridas estoy listo para liberar ahora?*

Las personas no morimos de enfermedades, morimos de emociones que nunca pudimos reconocer y gestionar.

Pero, ¿Cómo sanamos?

Y bueno, comenzamos a sanar cuando dejamos de mirar únicamente el síntoma y empezamos a reconocer, mirar de frente, a ver, la historia que lo inscribe en nuestro cuerpo. Sanamos cuando abandonamos la fantasía de que algo externo va a arreglar lo que no quisimos enfrentar en su momento. Sanamos cuando nos atrevemos a bajar al sótano vertiginoso del mundo emocional, allí donde ocurrió el trauma, la pérdida, la humillación, el abandono o la violencia.

El cuerpo no necesita ser curado. Necesita ser escuchado. Comprendido. Abrazado. Amado.

La enfermedad no es un castigo, es un llamado de tu ser para que regreses a vos. Escuchala. Agradecela. Y después, soltalá.

Porque cuando sanas tu emoción, sana tu biología. Lo que no expresas, el cuerpo lo va a manifestar. Me creas o no. Lo entiendas o no, lo aceptes o lo niegues.

Aquello que sanas en tu ser, tu cuerpo lo celebra con salud y vitalidad. No somos sólo carne, como nos impulsa a sostener la medicina tradicional. Somos historia, emociones, vibración y alma.

Sanar es un viaje. Empieza cuando dejás de temerle a la verdad que llevás dentro tuyo.

Ya explique en otro capítulo cómo la neuropsicología - encargada de estudiar la relación existente entre el sistema nervioso y los procesos psicológicos -, junto a la biopsicología y la epigenética muestran las causalidades que existen entre el medio ambiente, el comportamiento humano y la aptitud de éste para extender o acortar nuestra propia vida.

Me he fascinado por años estudiando la relación entre las emociones, los procesos biológicos, cómo percibimos la realidad y nuestro medio ambiente. Y en estos 20 años de atención a pacientes he comprobado que la interrelación flexible y dinámica de estos estratos es lo que mantiene a las personas en estado óptimo, no importa la edad cronológica que ellos tengan.

Las experiencias emocionales traumáticas no gestionadas son, en gran parte, las que influyen en los procesos de enfermedad y deterioro celular que produce la muerte. Así, al evocar el origen de nuestros conflictos internos, podemos desbloquearlos de manera consciente y liberar la emoción que quedó atorada en el cuerpo, que años más tarde genera la enfermedad física. Aunque no es lo único, también se sabe que si nos propiciamos un contexto más rico a nivel naturaleza por ejemplo, la intensidad de estas emociones pueden disminuir y expresarse más amablemente sin impactar negativamente en nuestra biología. Y como corolario fundamental para la conservación de la salud del ser humano, es el movimiento y la nutrición consciente.

Nos hemos sentado, desde que la civilización surgió, y no nos movimos más. Tanto así que tuvimos que desarrollar un espacio artificial para generar lo que nuestros ancestros hacían desplazándose por la tierra; los llamamos gimnasios.

Poder pensar y comprender la interacción mente, emociones, cuerpo, medio ambiente de manera circular y colaborativa es lo que te propiciará una vida rica en gozo y salud. Esta no es algo puramente físico, sino también psicoemocional, mental, medioambiental y cultural.

Así al cambiar la percepción, cambian nuestros puntos de vista. Y al modificar nuestra forma de interpretar los eventos de nuestra vida, podemos transformar dinámicamente nuestra realidad íntegra y mejorar drásticamente la salud, el cuerpo y la prosperidad.

Nuestra historia familiar, creencias y experiencias pasadas influyen enormemente en nuestra manera de reaccionar ante la vida. Desde pequeños, absorbemos patrones, valores y perspectivas que moldean cómo interpretamos el mundo y cómo enfrentamos los desafíos.

Si crecimos en un entorno donde la seguridad y el apoyo emocional fueron constantes, es probable que desarrollemos confianza y resiliencia. Por el contrario, si nuestro entorno estuvo marcado por la crítica, el abandono o la falta de afecto, podemos reaccionar con miedo, desconfianza o autoexigencia extrema en la vida adulta.

Las creencias heredadas también condicionan nuestras decisiones. Muchas veces actuamos desde mandatos que ni siquiera cuestionamos:

- Tenés que esforzarte el doble para lograr ser exitoso.

- El amor siempre duele

- La salud depende sólo de la genética

- Come hasta terminar el plato porque hay gente que no tiene ni para comer.

Terminamos comiendo por culpa, crecemos con miedos inyectados y agotando a tu cuerpo porque "sin sacrificio pareciera que no vale."

Cuando nos permitimos revisar estas ideas o puntos de vista fijos, y muy limitantes, es cuando finalmente podemos comenzar a romper ciclos de dolor y construir una visión más alineada con nuestra verdadera esencia.

El entorno social refuerza o desafía lo que traemos de nuestra historia. Por eso, rodearnos de personas que tengan otra manera de entender la vida, que nos impulsen a crecer, nos ayuden a cuestionar lo que nos limita y nos acompañen en nuestro proceso de transformación es clave para expandir nuestro bienestar íntegramente.

Nos autosanamos cuando dejamos de ver la enfermedad o el síntoma como un enemigo y comenzamos a comprenderlo como un mensaje de nuestra biología, un reflejo de nuestras emociones y nuestra historia. La salud no es algo externo, no depende de una pastilla o un procedimiento médico únicamente. Es un proceso profundo que integra la mente, el cuerpo, las emociones y el entorno.

Algunas sugerencias:

• Escuchar tu cuerpo: Nos habla constantemente, pero muchas veces ignoramos sus señales. Dolencias recurrentes, fatiga, tensiones musculares, problemas digestivos, dermatitis, todo tiene un origen más allá de lo físico. Al observar estos síntomas con consciencia, podemos reconocer el mensaje que nos traen.

• Aprende a gestionar la emociones no resueltas: Las emociones reprimidas pueden manifestarse en enfermedades. Rabia, tristeza, miedo, todo encuentra su vía de escape. Permitirse sentir, expresar, liberar esas emociones es fundamental para la autosanación.

• Cambia la percepción de la enfermedad: En lugar de verla como un castigo o una falla del cuerpo, valorala como una adaptación, una respuesta biológica a un conflicto interno. Cambiar la forma en que interpretas tu salud transforma tu realidad.

• Conecta con tu propia historia: Muchas de nuestras dolencias están relacionadas con vivencias del pasado, con heridas de la infancia, con creencias heredadas. Sanamos cuando nos atrevemos a mirar ahí sin miedo y nos liberamos de las cargas que ya no nos corresponden.

• Modifica tus hábitos y entorno: Lo que comemos, cómo dormimos, el nivel de estrés que manejamos, la calidad de nuestros vínculos, la exposición a emociones tóxico, todo influye en nuestra salud. Hacer pequeños cambios cotidianos tiene un impacto profundo en la autosanación.

• Eleva tu vibración energética: Sanar o estar sano, no es solo física. También es energético. Cambiar tu frecuencia de onda celular, lograr que la vibraciones sean en determinados hertz -desde los pensamientos, emociones, palabras, acciones-, modifica la forma en que las células responden. Practicar gratitud, generar alegría, liberarte del pasado permite que la biología se transforme. Crea medios ambientes amables y prósperos. Lo que ves cotidianamente también influye en tu salud.

Sanar no es eliminar un síntoma, sino descubrir el mensaje detrás de él, comprenderlo, y permitir que el cuerpo vuelva a su equilibrio natural. No hay una medicina externa más poderosa que la capacidad de volver a vos mismos con conciencia y amor.

¿Qué parte de este proceso te resuena más? ¿En cuál estás?

EJERCICIO INTEGRAL DE BIENESTAR: LOS PILARES DE LA SALUD

Este ejercicio es práctico y fácil de implementar en tu rutina diaria. Su objetivo es ayudarte a mantener el equilibrio físico, mental y emocional.

1. Movimiento diario (Ejercicio - 5 minutos mínimo) No tiene que ser extenuante, solo constante. Opciones simples:

- Caminar unos minutos al aire libre.
- Estiramientos al despertar o antes de dormir.
- Bailar una canción animada.
- Usar escaleras en lugar de ascensor.

2. Nutrición consciente (Alimentación - Elección saludable) No es cuestión de dietas, sino de decisiones inteligentes. Antes de cada comida, pregúntate: "¿Este alimento me da energía o me la quita?" Prioriza comidas menos procesadas, más nutrientes y buena hidratación.

3. Descanso regenerador (Sueño - 10 minutos de desconexión antes de seguir/ 8 horas por la noche) El descanso de calidad impacta la salud física y mental.

- Evita pantallas 10 minutos antes de acostarte.
- Respira profundo y relaja el cuerpo.
- Crea un pequeño ritual nocturno (leer, música tranquila, escribir).

• Mantén horarios de sueño estables.

4. Conexión con el entorno (Medio ambiente - 3 minutos de contacto con la naturaleza) Nuestro bienestar se regula al estar en contacto con la tierra, el aire y el sol.

• Tocar una planta, acariciar una mascota.

• Mirar el cielo y respirar aire fresco.

• Caminar descalzo en césped o arena.

5. Gestión emocional (Autoobservación - 2 minutos diarios para revisar tu bienestar) Al final del día, pregúntate: "¿Cómo me sentí hoy?" "¿Qué hice bien para mi salud?" "¿Qué puedo mejorar mañana?" Este momento de revisión permite ajustar hábitos y fortalecer tu bienestar emocional.

AGRADECETE: Me agradezco por comenzar a ver lo que no quería ver. Me agradezco por escuchar mi cuerpo en lugar de silenciarlo.

Me agradezco por haber tomado conciencia de que cada síntoma, cada dolor, cada tensión, no es enemigo, sino un mensaje. Un reflejo de lo que callé, de lo que no enfrenté, de lo que mi alma necesitaba expresar.

Me agradezco por reconocer que mi biología no se equivoca, que mi cuerpo solo busca adaptarse, protegerme, mostrarme lo que no quise escuchar.

Me agradezco por detenerme y observar. Por elegir no ignorar lo que me incomoda. Por animarme a descifrar los códigos internos que antes me parecían una condena y que hoy entiendo como llamados al despertar.

Me agradezco por permitirme cambiar. Por soltar la idea de que sanar significa corregir, cuando en realidad significa integrar, aceptar, abrazar.

Me agradezco por aprender que la medicina no es la única respuesta y que mi bienestar no depende exclusivamente de lo externo. Por comprender que la verdadera sanación empieza dentro de mí, en cada elección, en cada pensamiento, en cada emoción que dejo fluir en lugar de reprimir.

Me agradezco por confiar en mi intuición, por escuchar las señales, por transformar el dolor en comprensión. Me agradezco por no ser víctima de mi enfermedad, sino protagonista de mi bienestar. Por reconocer que nadie puede salvarme más que yo misma.

Me agradezco por atreverme a cuestionar. Por dejar de esperar soluciones rápidas y comenzar a observar la historia detrás de cada síntoma.

Me agradezco por ser consciente de que la sanación no es un destino, sino un camino. Me agradezco porque hoy elijo escucharme. Y al hacerlo, empiezo a sanar.

PREGUNTA: Cuando creo que tengo todas las respuestas, es momento de hacer nuevas preguntas. ¿Qué tal si haces nuevas preguntas? ¿Qué pasaría si eligieras la posibilidad que tu enfermedad te está mostrando, en lugar de la limitación?

Todos tenemos el poder infinito de transformar nuestra vida y aun así el 99% de los habitantes de este planeta elige la impotencia como su encarnación favorita. ¿Vos qué vas a empezar a elegir?

Los milagros sí existen pero hay que trabajarlos. A veces ni nos damos cuenta y estamos muy enojados, no estás siendo tu, cuando estas demasiado triste, no estás siendo tú. Cuántos de ustedes están constantemente tratando de estar en paz o evitando los conflictos. Todos estos son implantes y no nos permiten expandirnos. Todas estas consideraciones y toda esa carga energética es la que está enfermándote.

RESPONDE: _____

_____

_____

_____

_____

_____

VERDAD CLAVE: Ser sano no es un destino, es un camino y se elige. El cuerpo no nos traiciona, nos revela aquello que aún no hemos escuchado. Cuando dejamos de luchar contra el síntoma y comenzamos a comprender la historia que lo inscribe en nosotros, la verdadera transformación comienza.

Capítulo 10: Invertí en Vos

Invertir en las Mujeres es transformar el mundo
Seamos cada vez más las mujeres transformadoras

ESPECIALMENTE DEDICADO A VOS, MUJER

Porque a lo largo de la historia hemos sido silenciadas, menospreciadas, vapuleadas, desterradas de nuestra propia esencia generativa y amorosa. Y aun así, seguimos aquí.

La fortaleza de lo femenino es un misterio sin precedentes: la capacidad infinita de perdonar, la alegría de vivir incluso en medio del dolor, y la asombrosa habilidad de reinventarnos una y otra vez dentro de una misma vida.

Yo misma, como mujer, me he definido alguna vez como energía generativa 100%. Y hoy te lo digo con absoluta claridad y franqueza: liderar tu vida no significa competir ni tomar distancia de los varones; significa recordar quién sos. Volver a tu propia esencia de loba, a ese magnetismo que no necesita excusas ni permisos.

He conocido mujeres poderosas, plenas, magnéticas, que no reniegan de su energía femenina sino que la celebran. Y sé, con la certeza de haberlo visto y vivido, que si ponés a una mujer sola en el desierto, al mes habrá un jardín florecido.

No te achiques. No te recortes.

Si tenés un sueño - o varios -, andá por ellos. Encendé tu brillo, guiate por tu energía femenina y recordá una verdad muy simple y grande: "ya sos extraordinaria".

LA FUERZA EMPRENDEDORA

¿Qué vas a hacer este año por primera vez?

Cada nuevo ciclo trae consigo oportunidades únicas. La pregunta no es sólo qué vas a hacer, sino por qué querés hacerlo. Porque cuando un sueño empieza a tomar forma, la verdadera fuerza emprendedora se activa.

¿Quién sos y qué querías ser, de niña, cuando fueras grande?

El deseo inicial, ese que nos movía en la infancia, no es casualidad. Muchas veces, el camino emprendedor es el regreso a esos sueños olvidados, a esa fuerza genuina que estaba latiendo desde el comienzo en nosotros.

¿Querer es poder… ¿o querer es simplemente seguir intentando?

A veces, el poder no está en el resultado inmediato, sino en la constancia de la acción. Porque no se trata solo de lograrlo, sino de seguir creyendo en lo que hacemos, incluso cuando el camino es desafiante.

EL EMPRENDEDURISMO FEMENINO EN CIFRAS

En Argentina, casi el 60% de las mujeres emprendedoras tienen entre 30 y 50 años, y sólo el 8% entre 18 y 30. Las áreas más elegidas son comercio minorista, gastronomía e indumentaria, muchas veces impulsadas por la necesidad de independencia financiera, la enorme brecha salarial, y por la falta de oportunidades en el mercado laboral tradicional.

La realidad es clara: la tendencia no ayuda. Si sos ella, sos emprendedora. Si sos él, sos empresario.

¿La decisión de emprender. ¿Un camino de ida?

Emprender significa tomar riesgos y desafiar lo establecido. Significa cambiar estructuras y derribar límites impuestos. Como mujeres, muchas veces nos enfrentamos a un mercado que no está pensado para nosotras, y por eso los procesos de expansión y crecimiento pueden ser más complejos. Sin embargo, esa dificultad también nos impulsa a ser transformadoras.

Los costos emocionales y financieros de emprender van a estar. Tenes que aprender a no culpabilizarte por ellos.

Emprender nos enfrenta a diversos dilemas internos:

• ¿Por qué me cuesta hablar de dinero? ¿Con quién me cuesta hablar de dinero? ¿Por qué?. ¿A quién le estoy cediendo mis números?

• ¿A qué cosas les vengo diciendo sí, cuando quiero gritar un no?

• ¿Qué costo pago por sostener lo que no me suma?

• ¿Por qué creo que delegar me va a acostar presencia en el negocio?

•¿Qué tan ambiciosa sos? Y si lo sos, ¿Está mal?

Aprender a hablar con sinceridad sobre todos estos temas y sin culpa es clave en el camino emprendedor. **Ser generosa, sí. Trabajar gratis, no.**

¿Emprender no es sólo tener un negocio?

Las mujeres nacemos emprendedoras no únicamente por necesidad, sino porque estamos en un mundo que nos desafía constantemente. Emprender no es sólo montar un negocio, es una manera de mirar el mundo, de transformar lo que nos rodea.

La clave está en la sostenibilidad. Tu emprendimiento no debería atarte 24/7. El crecimiento viene cuando el negocio es parte de tu vida, pero no la totalidad de ella.

El potencial de tu negocio: Lo vas a identificar cuando puedas contar qué te hizo caer en la vida y cómo tu negocio te levantó. Las historias de éxito están llenas de fracasos previos. No somos lo que nos pasa, somos lo que hacemos con lo que nos pasa.

Heroínas en un mundo diseñado exclusivamente para héroes

El liderazgo femenino siempre ha estado en segundo plano en la historia, porque el mundo fue diseñado para que los protagonistas sean ellos. Pero nosotras somos mujeres transformadoras, no mujeres transformadas.

No vinimos a adaptarnos, sino a cambiar las reglas del juego. A desafiar los esquemas y construir nuestra propia narrativa.

Tu máximo valor: atreverte a florecer

Cada mujer tiene una historia única. Cada una tiene un valor intrínseco que está destinado a florecer.

Si tenés un deseo ardiente, hacelo real. Sí, va a tener un costo. Por eso, en el camino de emprender, es fundamental tener aliadas, mujeres que sostengan, acompañen e impulsen.

Ser emprendedora es un aprendizaje constante de confiar en vos misma y reconocer que podés brillar siempre. La única competencia real es con vos misma.

Gestar red como una fuerza transformadora. Usamos un porcentaje muy chico de nuestro potencial humano. Cuando conectamos en red, todo se expande. En soledad podemos llegar rápido. En red, llegamos lejos.

CÓMO LLEGUÉ A MI MARCA PERSONAL

Mi recorrido ha sido un movimiento circular, donde convergen diversas áreas de la salud para potenciar el desarrollo integral de cada persona. Mi propósito es y ha sido siempre empoderarte a ser quien realmente sos y reconocer tu propio saber, dejando atrás elementos externos que ya no te identifican. A través de mi experiencia, busco acompañar a otras personas en distintas etapas de su proceso, para que puedan resignificar sus propias vivencias.

Mi Trayectoria

Soy Verónica Alonso, psicóloga, psicoanalista, biohacker, facilitadora de herramientas de consciencia y wellness coach. Convertí mi nombre y profesión en una marca personal, integrando herramientas innovadoras, aprendiendo nuevas técnicas y especializándome en diversas áreas de la salud mental y el bienestar. Así desarrollé una práctica clínica que no sólo ayuda a liberar traumas, sino que mejora la vida de cada paciente que ingresa a mi consultorio, de forma dinámica .

Mi programa de mentoring brinda herramientas para potenciar el desarrollo personal, laboral y profesional. A través de él, ayudo a construir un mapa de ruta detox, en el que aprenden a identificar habilidades o potencialidades, superar miedos y creencias limitantes, gestionar recursos materiales, fortalecer su presencia en el mundo sin que nada los defina y, sobre todo, a incorporar el disfrute y la facilidad en cada aspecto de la vida.

Comencé en emergentología, en psicología clínica con niños, parejas y personas neurodivergentes. Y hace 14 años decidí enfocarme en lo que más apoyo necesita: adultos en duelo, depresión y ansiedad.

De ahí nació Mi Método Wellness, con un 95% de progresión en procesos terapéuticos. Un ecosistema de herramientas que une ciencia y vida real. Hoy lo plasmo en este mi libro y en la nueva creación: experiencia inmersiva pensada sólo para todos "Lidera tu vida". Porque mi propósito siempre ha sido: contribuir a la salud mental e integral de cada persona que confió en mí."

A pesar de tener más de 20 años de experiencia profesional, me considero una emprendedora. Me abrí camino en el ámbito de la salud sin tener familiares en el área que pudieran ser anclaje inicial y sin buscar estructuras más tradicionales, como una relación de dependencia laboral.

Soy una profesional independiente y creadora constante.

Mi Experiencia Profesional

A lo largo de mi carrera, he trabajado en diversas áreas:

- Businesswoman, con trayectoria en:
- Recursos Humanos de Sipar Aceros
- Motivación y coaching de atletas
- Acompañamiento de personas con enfermedades terminales
- Atención a niños en situaciones de riesgo social
- Clínica en trastornos de ansiedad, duelos, depresión y fobias.

Mi especialización en psicología infantil cambió cuando nació mi hija. Ahí decidí centrarme en el trabajo con adultos para preservar mi energía y brindarle el mejor cuidado a cada paciente y a mi pequeña en crecimiento.

En la actualidad resido en Florida, Estados Unidos, hace 5 años genero contenido digital y atiendo virtualmente pacientes de Argentina, Chile, Perú, Colombia, México y España.

Soy Directora del área de rehabilitación y accesibilidad laboral en Growing for Inclusion, una fundación dedicada a la inclusión de personas con discapacidad (PCD) y el deporte adaptado como herramienta de integración social.

Mi Expansión y Estudios

Los últimos años han sido clave en mi evolución profesional:

Me enfoqué en la neuroplasticidad. Estudié unas técnicas y prácticas, hasta el momento las más vanguardistas de desarrollo personal, de movimiento energético en conexión con especialistas de todo el mundo.

En España (2023) y en Italia (2024), participé en conferencias sobre medio ambiente, epigenética y su impacto en la salud, longevidad y motivación.

Mujer Tenías que Ser: Mi Filosofía

Mi marca es más que un título: es una metáfora de vida. No importa si sos hombre o mujer; el nombre representa los estereotipos que nos limitan, nos oprimen y nos impiden expandir nuestra energía vital creativa. La verdadera transformación llega cuando logramos desarmar esos estigmas y actuar con autonomía, desde nuestro verdadero deseo.

Este programa es un espacio interactivo y circular, donde acompañamos el crecimiento de cada persona mediante herramientas desde la psicología pragmática, el wellness coaching y la psicología profunda.

¿Por qué cuento esto?

Porque es posible. Fui año a año abriendo mi camino, confiando en mi intuición, dejándome guiar por mis percepciones, adquiriendo nuevas herramientas, sumándolas a mis antiguos conocimientos y ajustando mi enfoque para crecer de manera integral. Hoy soy el resultado de mi propio rediseño. Pasé de ser una joven apasionada, a una profesional autogestora, comprometida y finalmente, una businesswoman o marca personal. Cree una manera de desarrollar mi labor que mejora dinámicamente la vida de las personas que me convocan. Generando en ellos muchas tomas de consciencia, viviendo una vida más sabrosa y disfrutando de la biodiversidad

El agradecimiento por quienes confiaron en mí y se transformaron es lo que me impulsa a compartir todo lo que aprendí. Mi misión es ofrecerles un acompañamiento consciente y estrategias reales para tu evolución.

La Esencia del Éxito

El bienestar y el éxito no son solamente metas externas, sino energías internas que cultivamos todos los días:

- Confianza en uno mismo, a pesar de quienes duden de nosotros
- Alegría, como energía vital diaria
- Amabilidad, en cada proceso interno
- Nutrición consciente, que alimente el alma y no solo calme el hambre
- Movimiento, porque el cuerpo necesita activarse
- Vínculos generativos, aquellos que realmente suman a nuestra vida
- Descanso profundo, que regenere nuestras células.

Mi frase favorita es:

UNA PERSONA QUE IMPULSA A OTRAS A BRILLAR, NO SÓLO SE AMA MUCHO Y BIEN, SINO QUE SABE QUE HAY ESPACIO PARA TODOS.

Ejercicio para comenzar a Diseñar hoy tu proyecto de negocio: Creando la Base de mi Negocio

Este ejercicio te ayudará a definir la visión, el propósito y los primeros pasos de tu emprendimiento. Puedes hacerlo en un cuaderno o documento digital.

1. Define tu Idea Central

Responde estas preguntas con honestidad:

- ¿Qué producto o servicio quiero ofrecer?

- ¿Qué problema soluciona o qué necesidad cubre mi negocio?
- ¿Quiénes serían mis clientes ideales?

2. Analiza Tu Diferencial

- ¿Qué hace única mi propuesta?
- ¿Cómo se diferencia de lo que ya existe en el mercado?
- ¿Qué valores y principios quiero que represente mi negocio?

3. Haz un Mapa de Recursos

Identifica qué tienes disponible y qué necesitas: Recursos personales (habilidades, conocimientos, experiencia). Recursos materiales (espacio de trabajo, tecnología, herramientas). Recursos financieros (capital inicial, opciones de financiamiento).

4. Escribe Tu Misión y Visión

La misión es lo que haces y por qué lo haces. La visión es hacia dónde quieres llevar tu negocio en el futuro. Ejemplo: Mi misión es empoderar a mujeres emprendedoras con herramientas psicológicas y de bienestar para potenciar sus negocios. Mi visión es crear una comunidad internacional que fomente la expansión personal y profesional.

5. Define Tus Primeros 3 Pasos de Acción

Elige tres acciones concretas que puedes realizar HOY para avanzar: Investigar el mercado y la competencia. Establecer una red de contactos estratégicos. Crear una lista de posibles clientes y aliados.

6. Mentalidad de Crecimiento

Piensa en los miedos o creencias limitantes que pueden frenar tu emprendimiento. Escribí:

- ¿Qué pensamientos negativos han detenido mi avance?
- ¿Cómo puedo reestructurarlos en afirmaciones potenciadoras?

7. Crea Tu "Elevator Pitch"

Un elevator pitch es una presentación breve y poderosa de tu negocio en menos de 1 minuto. Formula tu idea con claridad y entusiasmo, incluyendo: ¿Quién sos? ¿Qué haces? ¿Por qué es valioso?

Ejemplo: "Soy Verónica Alonso, psicóloga y wellness coach. Ayudo a emprendedores a potenciar su bienestar y liderazgo a través de estrategias integrales. Mi objetivo es que cada persona transforme su potencial en éxito real."

AGRADECETE: Antes de terminar, escribí una afirmación sobre tu emprendimiento: "Confío en mi visión, en mis habilidades y en la capacidad de crear el negocio que deseo." Acordate que este es solo el primer paso, pero lo más importante es empezar. ¿Te animás a dar hoy el primer movimiento en tu proyecto?

PREGUNTA: ¿Te sientes pequeño? Cuando te sientes así nada grande se puede mostrar en tu realidad. ¿Y si te dieras el permiso de expandirte, de ir más allá de tu cuerpo, de tus limitaciones mentales, de tu crianza familiar, de tu ciudad? ¿Y si tan solo te permites reconocer que como cuerpo tenes limites pero como ser que lo habita, no? Esto no es visualización, esto es activación de tu propia energía . Esto te ayudará a ponerte en movimiento.

RESPONDE: _____

_____

_____

_____

_____

VERDAD CLAVE: El emprendedurismo es más que crear un negocio; es una forma de vida basada en la autonomía, la creatividad y la resiliencia. Algunas cosas que tenes que saber:

• El miedo es parte del proceso, pero NO un freno. La incertidumbre siempre estará presente, lo importante es tomar decisiones con confianza y aprender de los errores.

• No existe el momento perfecto para comenzar. Arranca Ahora. Si esperas a tener todo resuelto, nunca vas a dar el primer paso. Lo ideal es empezar con lo que tenés y ajustar en el camino.

• TU marca personal es tu diferencial. Más allá de lo que vendes, la gente conecta con tu historia, tu autenticidad y la transformación que puedes ofrecer.

• El fracaso no es el final, ES PARTE del proceso hacia el crecimiento. Cada tropiezo te da información valiosa sobre lo que mejorar, ajustar o replantear.

• Las redes y alianzas POTENCIAN tu negocio. Nadie crece solo. Conectar con otras emprendedoras, compartir conocimientos y colaborar abre nuevas oportunidades.

• El dinero es importante, pero la pasión es el motor. Emprender con propósito es lo que te permitirá sostener tu negocio a largo plazo, aun en momentos difíciles.

• La disciplina es más poderosa que la motivación. Vas a tener días en que no sentirás ganas de avanzar, pero la constancia y el compromiso marcan la diferencia.

Si estás por iniciar tu proyecto, te recomiendo escribir tu propia verdad clave sobre el emprendedurismo. ¿Qué aprendizaje querés implementar hoy para construir tu camino? ¿Qué queres ver manifestado en el mundo? Soña en grande que para achicarse hay tiempo.

Capítulo 11: Demanda al Universo

¿Cómo estás eligiendo vivir tu vida?

Pide y se te dará. La consciencia no juzga; es permisión absoluta.

Ser alguien afortunado no necesariamente tiene relación con algo fortuito como la suerte, sino más bien está conectado con las elecciones que hacemos diariamente y a lo largo de toda nuestra vida.

Nos han enseñado desde pequeños que las elecciones, al menos a la generación que va de los 30 a los 50, son de una vez y para siempre. Hemos crecido con esa exigencia y terror a equivocarnos. Porque si son de una vez y para siempre, mejor que sean las mejores para nosotros.

En verdad esto no es así. Todo el tiempo deberíamos involucrarnos en elegir cada cosa que tenga que ver con nuestra vida. Y el para siempre es un mito. Las elecciones son mientras duren. Es decir, mientras nos hagan felices, mientras nos generen gozo y mientras nos permitan mayor abundancia o expansión.

Existe una ley universal que enuncia: para recibir tenemos que estar dispuestos a dar. Es una especie de intercambio simbólico sin explicitación. Y tiene lógica pues si sólo das y nunca hay retribución se produce un desbalance que termina por agotar lo que sea que quieras construir. Ahora bien, dar nunca debería significar sufrir. Si duele, entonces ahí no es. Si todo el tiempo sentís en tu pecho un vacío inmenso, ese lugar no te está nutriendo.

Otra de las leyes universales es la que sostiene como principio fundamental que todo en el universo es vibración. Se conoce como ley de resonancia.

Y … ¿cómo usamos la ley de resonancia para crear la vida que deseamos?

Nuestros pensamientos, emociones, palabras y acciones emiten frecuencias energéticas. Y esas frecuencias no se pierden en el vacío: resuenan y atraen vibraciones similares.

Para expresarlo en términos simples; aquello que vibra en una determinada frecuencia de onda, atrae experiencias, personas y circunstancias que vibran de forma compatible a esa misma frecuencia.

No atraemos necesariamente lo que queremos mentalmente, sino lo que estamos vibrando emocionalmente en lo más profundo de nuestro ser. Lo que resuena energéticamente en cada micropartícula de nuestro organismo.

Si hoy tu vibración está teñida de miedo, escasez o enojo, por ejemplo, inconscientemente vas a atraer más situaciones que te hagan sentir de ese modo.

Si, en cambio, tu vibración es de gratitud, confianza, amor o alegría, atraerás a tu vida más de eso.

La resonancia es como una música interna que sólo los oídos correctos pueden escuchar.

Tu vida se convierte así en un eco de tu estado interior. Una sinfonía de posibilidades que atraerá determinadas notas creando una partitura que a su vez será perfectamente compatible con la sinfonía que atraerá.

Esta ley también nos enseña que no se trata de "forzar" cambios afuera, sino de trabajar la vibración interna. Nuestra propia melodía.

Cuando cambiás lo que sentís y pensás de manera genuina, lo externo inevitablemente comienza a cambiar.

En resumen, todo en el universo fue creado con un equilibrio energético. No puedes solo dar y no recibir. No atraes a tu opuesto sino lo similar. No se trata de manifestar sino de ser. Somos un imán vibracional. Tu estado emocional actual es la señal que estás enviando al universo. Y el universo, como un espejo, te devuelve una realidad que resuena con todos estos acordes.

Nuestros pensamientos, sentimientos, emociones y acciones crean nuestra realidad. Al enfocar nuestra atención en lo que somos con coherencia - en lugar de lo que tememos -, podemos atraer las experiencias que queramos a nuestro ahora.

Sos un creador. Estás constantemente modelando tu realidad a través de tus pensamientos, creencias y emociones, consciente o inconscientemente.

Estas leyes están siempre activas. Lo semejante atrae a lo semejante.

Tu estado emocional es tu brújula: si te sentís bien, estás en sintonía con tu ser interior natural. Si te sentís mal, te desconectaste de esa coherencia que alinea pensamiento, emoción, sentimiento y acción.

La conciencia es un estado de vos como ser infinito en el que la permisión consiste en no sólo pedir, sino también permitirte recibir. Todo sin juzgar nada. Eso sucede cuando mantenés tu estado de bienestar, sin resistencias como el miedo, la duda o la preocupación o el control.

Todo lo que deseas ya existe en un "vibracional ahora": apenas lo imaginás, energéticamente ya ha sido creado. Tu responsabilidad es alinearte vibracionalmente para vivirlo en tu realidad física.

Cuando supones, generás expectativas o proyecciones sobre cómo algo debería ser. Si no pasa como vos querías, entonces, en lugar de frustrarte, aprendes a elegir más diversión.

Porque la consciencia, querido lector, no es una cosa seria. Es una gran invitación a que seas más vos, incluso en tus expresiones menos elegantes. Crecemos y nos fortalecemos cuando dejamos de buscar validación afuera. Lo que vale ya está en vos, en quién sos. No necesitás demostrar nada a nadie. Tu luz, tu valor, tu esencia se perciben desde lejos.

Y quien no supo notar tu presencia, créeme: sí notará tu ausencia.

El amor más verdadero, el amor más profundo y necesario es el que debes tener por vos mismo.

Por eso, trabajá en tu interior, cachetea tu ego, camina tu propio proceso, y renace de esa transformación más vos que nunca. Cada uno debe hacer su parte. Y cuando sea el momento, las personas correctas se van a atraer de forma natural, sin esfuerzo, con sinergia.

No se trata sólo del amor hacia otros. Se trata, antes que nada, del amor hacia vos.

Desde ahí podés construir vínculos, espacios y un mundo más genuino.

No te conformes con menos de lo que merecés. No siempre es cómodo, fácil ni agradable ser la luz para tantos. Pero si ese es tu don, no podés apagarlo. Te fue otorgado para compartirlo, para tocar corazones.

Tenés un don: el de la sanación emocional. Sé tu propia luz, tu propia guía, tu propia esperanza. Todo tiene su recompensa.

Y si alguien entra en tu vida, que salga mejor de lo que llegó. Esa es tu misión, aunque no siempre lo reconozcan.

Alimentate de esa energía, de lo que das, de lo que sembrás. Cuando ayudás a otros, tu brillo se intensifica.

Encontrar el equilibrio entre hacer brillar a los demás y no apagar tu propia luz a veces implica no irte sino cambiar la forma de quedarte.

Las almas se eligen antes de esta existencia para compartir aprendizajes. No hay errores en los encuentros de almas, ni casualidades. Todo responde a un plan evolutivo de consciencia. Puede que te cueste asimilarlo pero esa es la verdad más importante a asimilar en esta vida.

Confia en el saber de tu ser. Y entregate a cada otro que viene a tu vida. Lo que atraes es exactamente lo que necesitás. Vení a explorarlo sin temor.

Hay en el mundo lugares mágicos donde la conexión con la Tierra se percibe con menos interferencia que acá. Lugares donde somos nutridos de tantas maneras - no cognitivas pero sí muy obvias - que la consciencia no puede más que despertar.

Te pido que conectes con esta imagen, la percibas en todo tu cuerpo y recuerdes ¿dónde fue que te sentiste así? y ¿con quiénes?

Ahora mira a tu alrededor y sé sincero: cada vez que comunicas algo del otro lado ¿hay bloqueo?. Entonces ese lugar ya te queda chico.

Debes aprender a soltar y volar.

EJERCICIO DE INTEGRACIÓN: REPROGRAMANDO MI ELECCIÓN

1. Busca un momento de silencio donde puedas estar solo/a con vos mismo/a, sin interrupciones.

2. Tomá una hoja y dividila en dos columnas:

En la primera columna escribí: "Donde me quedo por costumbre o (etcs)"

En la segunda columna escribí: "Dónde me gustaría estar en verdad."

3. Reflexioná y completá honestamente:

¿En qué áreas, relaciones o situaciones estás hoy "nadando contra la corriente", sintiendo peso, sufrimiento o desconexión?

¿Qué espacios, personas o actividades me hacen sentir expansión, ligereza y nutrición emocional?

4. Elegí un paso pequeño pero concreto para empezar a acercarte a esos lugares donde podés volar.

Ejemplo: Decidir no insistir donde hay bloqueo, o empezar a buscar ambientes que nutran tu vibración.

5. Afirmación para anclar:

Decilo en voz alta (o escribirlo y leerlo)

"Hoy me elijo. Me abro a recibir todo lo que me nutre, y suelto todo lo que me pesa. Mi luz sabe el camino."

EJERCICIO DE VIDA: EL MAPA DE MIS ELECCIONES

Cada elección que hacemos es una semilla que plantamos en nuestra vida. Algunas semillas crecen y nos nutren; otras pesan como piedras que frenan nuestro camino.

Te invito a hacer este ejercicio con calma, sintiendo cada palabra.

1. Busca un momento de quietud. Elegí un lugar cómodo, quizás

acompañado de una vela encendida o algún objeto que te conecte con tu fuerza interior.

2. Cerrá los ojos y conectá con tu cuerpo.

Preguntate: ¿dónde siento el peso hoy en mi cuerpo?

Cerra los ojos, conecta con esa propiocepción y observa qué parte de tu cuerpo responde. Quizás el pecho, la garganta, el estómago.

3. Tomá una hoja y dibuja dos círculos:

En el primer círculo escribí dentro: "Elecciones que me pesan."

En el segundo círculo: "Elecciones que me expanden."

4. Escribí en cada círculo sin censura.

Todo lo que sientas que hoy representa carga, vacío o esfuerzo innecesario.

Todo lo que sentís que en tu vida representa amor, expansión, ligereza, alegría.

5. Elegí **una sola elección** que pese menos (aunque sea pequeña) y comprometete a **transformarla en acción**.

Puede ser dar un paseo por algún lugar que te gusta mucho , soltar algo que guardas desde hace un tiempo, iniciar una conversación incómoda, decir que no a eso que postergas por miedo.

6. Para cerrar:

Volvé a cerrar los ojos y repetí esta frase para vos:

Hoy elijo con amor. Mi vida es el reflejo de mis elecciones. Soy libre de soltar lo que me hunde y de abrazar lo que me hace volar.

RESPONDE: _____

_____

_____

_____

_____

_____

VERDAD CLAVE: La vida no premia a quien más fuerza hace, sino a quien más se permite recibir.

Recordando que el verdadero poder está en la apertura, no en el control.

Crepúsculo

¡Si te tenés a vos, lo tenes todo!

A lo largo de este viaje de historias, reflexiones y herramientas, hemos recorrido juntos senderos que nos invitan a mirar hacia adentro. Hemos hablado sobre la importancia de estar presentes en nuestra vida, eligiendo con consciencia cada segundo, habitando el ahora con autenticidad, sin máscaras ni disfraces.

En un mundo saturado de distracciones, exigencias ajenas y ausencias emocionales, detenernos para reconectar con nuestra verdadera esencia no sólo es un acto de valentía sino también una profunda manifestación de amor propio.

Te invito, de corazón, a seguir explorando tus propias verdades. A no temerle a las preguntas; no busques únicamente respuestas, permitite la incertidumbre y el estar fuera de control. Deja que el movimiento natural de la vida te sorprenda. Honra tu camino, con sus luces y sus sombras. Porque cada día que abris los ojos y respiras es una nueva posibilidad de descubrirte, de expandirte, y reescribirte.

Vivir no es una línea recta con un destino definido, es un viaje lleno de constantes fluctuaciones, un océano de aprendizajes y transformaciones. Nunca es un punto de llegada, siempre es un nuevo comienzo.

Si algo de todo lo compartido logró encender una chispa en tu interior, inspirar una reflexión o impulsar un pequeño movimiento, entonces esta obra ya cobró sentido. Porque lo único constante en la vida es el cambio. Y cuando te abris a él, cuando permitís que la vida te atraviese sin resistencias, descubrís que tu ser, tu saber, tu permitir y tu recibir están profundamente entrelazados. Reconocer esto es también un acto de creación y de libertad.

No hay verdades absolutas. No existen manuales de usuarios del buen vivir. Sólo caminos únicos, como tu alma, puntos de vista interesantes, e infinitos seres transitando una experiencia finita. Y en ese misterio reside la belleza de estar vivos.

Cada uno diseña su realidad a partir del lente con el que decide observar el mundo. Deseo que tu lente esté teñido de gratitud, de coraje, de compasión y de amabilidad. Que refleje la singular grandeza de tu recorrido por esta vida. Y anhelo asimismo que tu confianza en vos sea tu impulso y tu intuición la brújula que guíe tu navego.

Recordá: cada elección es tan válida como la anterior. No hay errores, sólo experiencias. No hay aciertos, únicamente elecciones. Cada paso que das deja huellas, la de tu esencia. Porque al final, el viaje, con todo lo que ello implica, es tan sagrado como el destino.

Y este, quizás, apenas sea el principio...

El tiempo de la demanda constante termina. La productividad no seguirá guiando a la humanidad por mucho más . El planeta entero nos viene impulsando hace décadas a actuar, generar y responder. Los estándares de éxito se han regido y aún lo hacen por patrones estéticos, del tener o la popularidad, totalmente vacíos de contenido.

Algo más espera por nosotros y nuestra descendencia.

Espero que estos capítulos te hayan permitido verlo y que seas consciente de tu lugar y propósito en todo esto. Tu vida es un obsequio, no naciste por error, no estás equivocado, si sos valioso. Permitite descubrir el regalo que sos y entregarlo al mundo.

En medio de toda esta locura deshumanizante, puede ser fácil perdernos de vista, olvidarnos de nuestra verdad esencial. "No viniste a tener, viniste a ser". Lo otro llega como consecuencia de vos siendo creador de tu propio proyecto de vida.

Se torna vital despertarnos del ruido del afuera y habitar nuestro interior. Y es precisamente en esos momentos de silencio y reflexión donde encontramos la claridad para vivir con coherencia, consciencia y elección constante.

Este viaje no se trata de alcanzar una perfección inalcanzable, sino de alinear cada paso con nuestra verdad más profunda, con coherencia en el existir.

Cada elección que tomamos, por pequeña que parezca, tiene el poder de moldear nuestra experiencia. Serte fiel es tan importante como decir no a tiempo; incluso cuando sea difícil o desafiante. Es abrazar nuestra autenticidad y permitirnos la vulnerabilidad de abrazar las fisuras, reconociendo que nuestras elecciones tienen un impacto significativo en nuestra vida y en las vidas de quienes nos rodean.

No hay responsables afuera. Tu elección crea. Aunque tu elección sea el silencio, la separación o la indiferencia.

La consciencia, por otro lado, nos invita a estar presentes, a vivir cada momento con atención plena y a tomar decisiones informadas. Nos permite identificar nuestras fortalezas y áreas a mejorar. Nos ofrece esta oportunidad de crecer y evolucionar constantemente. Cuando somos conscientes, dejamos de actuar en piloto automático y comenzamos a vivir con intención, significativamente.

Elegir nos recuerda que siempre tenemos el poder de decidir. No somos víctimas de nuestras circunstancias; somos los arquitectos de nuestro destino. Cada elección es una oportunidad para alinearnos con nuestros valores y principios, y para construir una vida que refleje nuestra verdadera esencia.

Mudate a la vida que sinceramente queres. No esperes más. Deja de doler. Animate a sentir y a ser.

Seguí explorando tus propias verdades, permitite cuestionar todo y a todos. Respira, reflexiona sobre lo que realmente importa en tu vida.

Este libro no es el final de tu viaje, sino el comienzo de una búsqueda interminable de autoconocimiento y crecimiento personal. De expansión. De conexión y gozo. Cada día es una nueva oportunidad para descubrir algo nuevo sobre vos mismo, nuevas habilidades y sobre el mundo que te rodea.

Recorda que la vida no se trata de llegar a un destino final, sino de disfrutar y aprender en cada paso del sendero. Así que seguí adelante, con valentía y amor propio, y permiti que tu verdad ilumine cada decisión que tomes. La coherencia, la consciencia y la elección constante son las llaves para una vida plena y auténtica. Que este sea sólo el comienzo de un viaje lleno de descubrimientos y transformaciones.

¿Cuál es la posibilidad más grandiosa disponible para vos o para mí aquí que aún no hemos reconocido?

No te asombres por los movimientos generales de tu vida, son producto de la resonancia.

Las vibraciones crean frecuencias y estas se mueven permanentemente; se nuclean a sí mismas de acuerdo al tipo de frecuencia y al expandir tu consciencia el entorno reaccionará inevitablemente en la misma frecuencia que creaste.

En lugar de enojarte, de juzgarte, o angustiarte **DA LAS GRACIAS** a aquellos que se alejan sin razón aparente y **DA LA BIENVENIDA** a aquellos que se presentan a acompañarte en esta nueva etapa evolutiva. Todos cumplimos un ciclo en la vida de los otros.

Flui en paz con esos cambios de escenario que requerías ver manifestados dinámicamente para tu mayor expansión.

Una de mis Canciones Favoritas

... El Sr. Jones y yo miramos hacia el futuro.
Sí, miramos a las mujeres hermosas.
"Te está mirando a ti. No lo creo. Me está mirando a mí".
De pie bajo los focos, me compré una guitarra gris.
Cuando todos me quieran, nunca estaré solo.

Nunca estaré solo
Dije que nunca estaré solo

Quiero ser un león
Sí, todos quieren pasar por gatos
Todos queremos ser grandes, grandes estrellas, sí
Pero tenemos diferentes razones para eso
Cree en mí, porque no creo en nada
Y yo, yo quiero ser alguien en quien creer
¡Creer, creer, sí!

El Sr. Jones y yo, tropezando por el barrio
Sí, nos quedamos mirando a las mujeres hermosas
"Es perfecta para ti, hombre, tiene que haber alguien para mí".
Quiero ser Bob Dylan
El Sr. Jones desearía ser alguien un poco más funky
Cuando todos te quieren, ah, hijo
Eso es lo más funky que puedes ser. ...

Letra parcial de la canción,
Sr. Jones por
Contando Vacas
Lanzamiento: Diciembre 1,1993
Escrito por: David Bryson y Adam Duritz

Degustación Exclusiva

Como me gustan los vinos y soy de ir a viñedos o explorar diversos aromas, te regalo aquí una devolución estilo enológica.

Este libro es una aproximación sencilla pero genuina a lo que nombro como "a lot like love", "algo parecido al amor". Y es que aunque no te conozco siento que ya te amo. Por ser valiente, por animarte a tu propia búsqueda de verdades, con todos los desafíos e incomodidades que ellas significan.

Así que gracias primero por comprar el libro, luego por leerlo hasta acá y por último, pero no menos importante, por animarte a ser vos mismo.

Ojalá nos conozcamos.

Su Tono y Estilo

Directo y sin rodeos, aunque muy cálido. Da la sensación de que estuviéramos conversando cara a cara, como me gusta a mi. O como si le hablara a un amigo muy cercano.

Profundo, pero accesible, evitando tecnicismos innecesarios. Sin por ello, dejar de tener cierto rigor científico.

Narrativo y reflexivo, combinando notas de relatos personales con enseñanzas universales.

Breve y conciso, sin extenderse demasiado en cada punto, le da a estas páginas ese color apasionado de las uvas en vendimia.

Me pareció una idea innovadora para comunicar la misión, visión y valor de este, mi primer libro. Dándole una identidad clara que busca conectar más con quienes lo leen.

Su Misión

Brindarte herramientas de empoderamiento y conciencia a través de verdades profundas, basadas en la experiencia personal y las historias de pacientes, para que encuentres tu propia verdad y transformes tu vida.

Su Visión

Ser un libro de referencia en el camino del autoconocimiento, ayudando a personas de todas las edades a despertar su consciencia, fortalecer su autoestima y confianza, viviendo con mayor libertad y presencia emocional en el aquí y ahora.

Su Valor

Autenticidad, claridad y poder transformador. Este libro no impone verdades, sino que invita a la reflexión y el descubrimiento personal, ofreciendo relatos reales, preguntas profundas y herramientas prácticas para el crecimiento interior.

¿Qué te parece? ¿Te gustaría sumarte a una segunda edición como participante activo?

Mi querido amigo lector, este es más que un simple proyecto literario, es mi manera de ser y estar en el mundo.

Es empezar, iniciar, arrancar, fundar, acometer y lanzarme a comunicar ya fuera de la intimidad del consultorio, todo lo aprendido, en mi experiencia de vida y en mi formación técnica y académica.

No te limites y soña en grande.

Nos vemos a la vuelta de cualquier esquina,

Con amor sincero, Vero

Agradecimientos

Antes muerta que sencilla reza la frase, ¿verdad?

Y para ser sincera muerta, no... cansada muchas veces, sí.

Sin embargo, aquí estoy. Con este primer libro entre mis manos, con la vida a cuestas y el alma absolutamente expandida.

Gracias a mi primer analista, quien con paciencia de orfebre y endulzada amabilidad acompañó esas iniciales excavaciones a mi mundo interno. Ahí donde todo era tierra revuelta y silencios apretados, supo ser faro para que pudiera animarme a ver. No entendía mucho, pero algo en mí ya sabía que explorar hacia adentro; era la única forma de renacer hacia el afuera.

Gracias a mis hermanas/o, por las eternas horas de mate, charlas, risas, llantos y crecimiento mutuo, por haber sido mis primeros referentes, mi sostén en horas difíciles, de amor, de amistad y sabiduría.

En particular a Bati, por haber cuidado con entrega, equidad, a capa y espada los bienes que papá supo construir dejando su vida en ello.

A Roci, por haber sido mi compinche, mi alter ego, mi amiga incondicional, mi mano derecha, mi compañera de noches de estudio, maternidad y vida.

A Moni por haber dejado todo su universo para acompañarme en el momento más difícil, las 7 horas de cirugía y las primeras semanas de vida de mi hija. Fuiste su angel negro en los dos nacimientos

A mi hermano, semblante, integridad, espejo, grito, abrazo, y tribu. Por tu valor para sostener a toda una familia en tus hombros con tan solo 18 años. Sos un gran ejemplo y orgullo. Por ser simple y generoso.

Gracias a las mejores amigas que puedo tener; que me recuerdan que la risa es medicina para el alma.

A mi madre, Maria Luisa Klepsch, por darme la vida, por sus exigencias, por no bajar los brazos y ser la mejor abuela para sus nietos. Por hacerme amar el arte en todas sus formas. Sobre todo el ballet y la música

A mi padre, Rodolfo Valentino Alonso, quién ya no está con vida pero sigue siendo una invitación a tomar coraje, iniciar nuevos desafíos, sabiendo que la fuerza más potente es el amor propio y la confianza en lo que dicta mi corazón y mis propios pasos.

A mis cuatro abuelos, y todos los linajes que sostienen mi espalda, obsequiándome hoy el privilegio de ser ciudadana europea. Mi camino va de regreso a la tierra desde la cual parieron. Y sí, sólo iré hacia atrás para tomar impulso.

A mis pacientes, a cada uno de ellos. Gracias por confiar, incluso cuando todo temblaba. Yo vi en ustedes las potencialidades escondidas, esas que fuimos descubriendo palabra a palabra, silencio a silencio.

Hoy, cuando miro lo que creamos juntos, no sólo me conmuevo: me siento profundamente orgullosa.

A las instituciones, organismos, espacios y caminos que me dieron herramientas para hacer de mi saber algo útil, expansivo y verdaderamente efectivo.

Gracias a la música, que siempre me devuelve a casa cuando me pierdo.

A los momentos de caos, a mis inseguridades, a mis miedos: no fueron invitados, sin embargo cuánto enseñaron. A las elecciones que hice, incluso (y sobre todo) las que salieron mal: sin ellas no habría aprendido a crear posibilidades nuevas.

Gracias a mi cuerpo que sostuvo todos los pasos... y algunas caídas también.

A Jesús de Nazaret, a Sigmund Freud, a Julio Bocca, Freddy Mercuri, a Gary Douglas... qué combo, ¿no? Ellos me inspiraron desde distintos escenarios, y de todos aprendí algo sobre el alma humana, el arte, la locura y la expansión.

A la tía Sara, mi primer modelo de mujer empresaria, llena de alegría y determinación, cuando eso aún parecía cosa de hombres.

A todos los animales, esos seres mágicos que me enseñaron a convivir en diversidad. Crecí en una granja, así que fueron muchos. Ellos también tienen algo para decirnos.

Al amor, en todas sus formas. Porque es mi brújula.

A Gonzalo, el padre de mi hija, quien me confió sin buscarlo ni pedirlo, el más preciado tesoro que jamás me pudieron dar: una vida.

La de nuestra gran Lulu.

Y por último, gracias a la vida. A MI VIDA, con mayúsculas. A sus bendiciones ocultas, a su gentileza disfrazada de obstáculos, a sus formas misteriosas de ayudarme a trascender, a mi vulnerabilidad, a los misterios en los que sigo indagando, a la esencia de lo simple, al animarme a salir de la polaridad y la separación para apreciar que todo y todos tan sólo estamos haciendo lo que vinimos a ser. Y eso es una gran contribución.

Hoy más que nunca me reconozco en permisión y profunda gratitud. Porque cuando tenés eso – y te tenés a vos – lo tenés todo.

Referencias Bibliográficas

1. "2 de los 3 (≈ ⅔) de los 8 mil millones morirán por enfermedades prevenibles."

> Las enfermedades no transmisibles (las "evitables") causan 36 millones de muertes al año y representan el 68 % de las principales causas de muerte a nivel mundial .

> Aproximadamente 100.000 muertes diarias (unos 150.000 totales) están relacionadas con causas prevenibles..

2. "13 % de las muertes mundiales se deben a cardiopatías, ACV, enfermedades respiratorias crónicas, cáncer y diabetes."

> Las enfermedades cardiovasculares, cáncer, enfermedades respiratorias crónicas y diabetes causan la gran mayoría de muertes por enfermedades no transmisibles: 7 de las 10 principales causas de muerte en 2021.

> Ese conjunto de enfermedades representa aproximadamente el 68 % de las 10 principales causas de muerte.

3. "Cerca de 400 millones de niños pequeños sufren violencia en sus hogares."

> Se sabe que la violencia infantil es alta globalmente, según estimaciones de UNICEF/WHO. Según un reciente informe de UNICEF (junio 2024), aproximadamente 400 millones de niños menores de 5 años —es decir, 6 de cada 10 en ese grupo etario— son sometidos regularmente a agresión psicológica o castigo físico en casa.Del total, cerca de 330 millones enfrentan penas físicas directas, lo que implica golpes, sacudidas u otras formas de maltrato corporal por parte de cuidadores .

> Un desglose adicional detalla que, globalmente, aproximadamente

1.6 mil millones de niños (2 de cada 3), entre 1 y 14 años, experimentan algún tipo de disciplina violenta (física o psicológica) cada mes.

Contexto ampliado: Estos datos se basan en encuestas estándar, como las MICS (Multiple Indicator Cluster Surveys) y las DHS, que usan métodos validados para medir agresiones psicológicas (gritos, insultos) y físicas (golpes, sacudidas).

La OMS también reporta cifras similares: 6 de cada 10 niños menores de 5 años son víctimas de maltrato físico y/o psicológico en casa, reafirmando la estimación de los 400 millones.

"Según UNICEF (junio 2024), unos 400 millones de niños menores de 5 años (6 de cada 10) son sometidos regularmente a violencia psicológica o castigo físico en su hogar; de ellos, 330 millones sufren violencia física directa, por parte de sus cuidadores."

De ese grupo, alrededor de 330 millones reciben castigos físicos, como golpes o azote .

Este dato aparece en numerosos informes: UNICEF ha comunicado que "Nearly 400 million young children worldwide regularly experience psychological aggression or physical punishment at home."

La OMS coincide, confirmando: "6 in 10 children – or 400 million children – under 5 years of age regularly suffer physical punishment and/or psychological violence at the hands of parents and caregivers.

Interpretación del dato: Este número refleja violencia "normalizada" en hogares de todo el mundo, especialmente en países de ingresos bajos y medios, y tiene repercusiones graves en el desarrollo infantil. Según la OMS, estas prácticas:

1. Carecen de eficacia educativa.

2. Pueden causar traumas, problemas de salud mental y afectar el desarrollo neurológico a largo plazo.

Existen diferencias por región, pero este fenómeno es global y persistente. Además, 1,6 mil millones de niños (1 de cada 3 menores de 14 años) viven bajo violencia disciplinaria regular.

¿Qué significa "regularmente"?

Cuando UNICEF y la OMS informan que "400 millones de niños pequeños sufren violencia regularmente en sus hogares", se refieren a una frecuencia mínima mensual.

Esto se basa en las encuestas MICS (Multiple Indicator Cluster Surveys) y DHS (Demographic and Health Surveys), que miden la exposición en las últimas cuatro semanas. Es decir, no es un evento aislado, sino un patrón repetido que forma parte del estilo de crianza cotidiano.

¿Qué se considera violencia en el hogar?

1. Azotes, nalgadas, golpes con objetos (como cinturones o varas) sacudidas, empujones, bofetadas, obligar al niño a mantener posturas incómodas por largos períodos.

2. Agresión psicológica: gritos, insultos, amenazas, humillaciones, burlas, ridiculización pública o privada, aislamiento emocional o rechazo.

Estas prácticas, aunque algunas estén naturalizadas como disciplina, son clasificadas por los organismos internacionales como formas de maltrato infantil. Y conllevan consecuencias significativas.

Impactos a corto plazo

• Inseguridad emocional: los niños comienzan a desconfiar de los adultos que deberían protegerlos.

• Baja autoestima: el mensaje implícito es "no valgo", "merecía el castigo."

• Trastornos del sueño, ansiedad, aislamiento social, regresiones (mojar la cama, miedos nocturnos).

• Problemas en el rendimiento escolar por dificultades de concentración.

Impactos a largo plazo

• Depresión, trastornos de ansiedad, autolesiones y conductas suicidas en la adolescencia y adultez.

• Mayor riesgo de relaciones abusivas (como víctima o perpetrador) al replicar modelos aprendidos..

• Alterations in brain development, especially in areas such as the amygdale (emotional regulation) and the prefrontal cortex (self-control).

• Problemas de salud física crónicos, como hipertensión, enfermedades cardíacas, obesidad o diabetes, asociadas a estrés tóxico en la infancia.

El ciclo de la violencia

Uno de los riesgos más serios es la transmisión generacional del maltrato. Muchos adultos que castigan físicamente lo hacen porque fueron criados así. Y sin conciencia o recursos, replican lo que vivieron: "a mí me pegaron y salí bien".

Pero las investigaciones son contundentes: el castigo no enseña, sólo somete.

4. "9% de la población mundial tiene desnutrición"

En 2022, había aproximadamente 148 millones de niños menores de 5 años con retraso en el crecimiento (22.3%), stunting. En general, la desnutrición aguda (wasting) afecta al 6.8% de niños menores de cinco años.

Indicador global de desnutrición (FAO/ONU)

La prevalencia de desnutrición crónica (bajo aporte energético sostenido) en 2022 se estimó entre 8.7 % y 9.8 %, con un punto medio de 9.2 % de la población mundial, equivalente a unos 735 millones de personas.

La desnutrición en niños menores de 5 años: Este subgrupo se analiza con datos que también aportan un contexto importante:

Retraso en el crecimiento (stunting): 148.1 millones de niños presentaron stunting en 2022, lo que corresponde al 22.3 % de los menores de 5 años.

Desnutrición aguda (wasting): 45 millones de niños sufrieron wasting, lo que representa el 6.8 % de los menores de esta edad.

Sobrepeso infantil: 37 millones de niños están con sobrepeso (5.6 %), un claro indicio de la doble carga de malnutrición.

Cómo se interrelacionan los datos: El 9% global cubre tanto a adultos como a niños, y se basa en una estimación del FAO de 735 millones desnutridos en 2022. De esos, 148 millones son niños con retraso y 45 millones tienen desnutrición aguda (wasting). TLa diferencia entre el 9 % general y estos subgrupos infantiles se explica porque incluye también a adultos con desnutrición crónica.

Interpretación clara:

• 9% de la población global sufre desnutrición crónica (al menos 735M personas).

En niños menores de 5 años, en 2022:

> • 22.3% con retraso en crecimiento → 148 M

> • 6.8% con desnutrición aguda → 45 M

> • 5.6% con sobrepeso → 37 M

Esto refleja la doble carga del hambre (desnutrición y sobrepeso) y la urgencia de sistemas de salud y alimentación integrales.

5. "149 millones de niños de 5 años con retraso en crecimiento"

En 2022, 148.1 millones de niños menores de 5 años estaban afectados por retraso en el crecimiento (stunting).

En 2022, hubo 148.1 millones de niños menores de 5 años con retraso en crecimiento (stunting), equivalente al 22.3 % de la población infantil global en ese grupo etario. Este total ha disminuido desde 204.2 millones en 2000.

Joint Child Malnutrition Estimates 2023 (UNICEF WHO Banco Mundial): 148.1 millones de niños ('stunted') en 2022, con 22.3% de prevalencia global.

UNICEF Data: confirmación del número y porcentaje, y distribución regional (América del Sur, África Subsahariana y Asia).

WHO GHO (2024): complementa con modelo estimado de 150.2 millones en 2024 y prevalencia de 23.2%.

Contexto actual y tendencias: La prevalencia global cayó del 33% (2000) al *22.3% (2022)*.

En 2024, ONU estima 150.2 millones, con prevalencia del 23.2 %, una ligera subida. Las regiones más afectadas son: Asia del Sur y África Subsahariana, concentrando el 80% de los casos

- Dato exacto: "148.1 millones de niños menores de 5 años estaban afectados por retraso en el crecimiento en 2022 (22.3%)" — UNICEF/WHO/World Bank 2023.
- Data de 2000–2022 muestra una reducción desde 204M a 148M, pero progreso se desacelera.
- Cifras recientes de WHO 2024: 150.2M afectados, prevalecia 23.2%.
- Casi 40% de casos en Asia del Sur y otro 40% en África Subsahariana.
- Solo un tercio de los países están en camino de alcanzar la meta SDG2-2 para 2030.

6. "Se estima que 582 millones vivirán desnutrición crónica en los años venideros."

Las proyecciones del Gates Foundation indican que habrá 40 millones más niños con retraso por cambio climático en 2050.

"El informe SOFI 2024 alerta que si no cambiamos el rumbo, 582 millones de personas seguirán crónicamente subnutridas en 2030, un retroceso al nivel de 2015, justo cuando se lanzaron los ODS. África se llevará la peor parte, concentrando la mitad de esa cifra. Estamos estancados, golpeados por conflictos, crisis climática y economías que excluyen a millones del acceso a una dieta digna."

Proyección: 582 millones de personas con desnutrición crónica para 2030

Estadísticas clave: Según el informe SOFI 2024 de la FAO y otras agencias de la ONU, si las tendencias actuales persisten, alrededor de 582 millones de personas estarán crónicamente subnutridas en 2030, con aproximadamente la mitad viviendo en África. En 2023 había entre 713 y 757 millones de personas subnutridas (733M en promedio), lo que representa 1 de cada 11 personas en el mundo; África tuvo una prevalencia del 20.4%.

Contexto y tendencias: El aumento está impulsado por la conflictos, crisis climáticas, choques económicos y la pandemia de COVID–19, que revirtieron avances y estancaron metas hacia el 2030. En 2022, más de 2.8 mil millones de personas (~35%) no pudieron pagar una dieta saludable; este porcentaje sube al 71.5% en países de bajos ingresos.

Integración de datos:

- Comparación: 733 M en 2023 vs. 582 M proyectados en 2030, revelando estancamiento en la lucha contra el hambre.
- El 50% de los subnutridos estarán en África para 2030, destacando disparidades regionales.
- Múltiples factores estructurales: guerras, crisis climáticas, pobreza y desigualdad alimentaria.

Alimento:

- Conexión entre estas cifras con metas globales (ODS 2) y urgencia en el financiamiento eficiente y coordinado, tal como reclaman los organismos.

7. "1 de cada 3 mujeres es víctima de violencia física o sexual en algún momento"

Según la OMS, aproximadamente el 30–35 % de mujeres han sufrido violencia física o sexual en su vida . Esto representa alrededor de 736 millones de mujeres.

8. "En promedio los hombres tienen tasa de mortalidad más elevada y expectativa de vida (60 para hombres y 85 para mujeres)"

Mortalidad más elevada en hombres: Un análisis global del Global Burden of Disease 2021 halló que, para 2021, las tasas de mortalidad para hombres de 15–39 años son 65.9 % más altas que para mujeres del mismo rango etario. Esta brecha persiste y se amplía en edades mayores. Las causas incluyen riesgos conductuales (accidentes, violencia, suicidio), enfermedades y menor apego a la salud.

Esperanza de vida según sexo

Parámetro	Hombres	Mujeres	Dif aprox.
Global (nacidos ~2020)	~70.4 años	~74.9 años	+4.5 años
Global (2021, GBD)	—		4.5 años
Países altos	~78.1 años	~83.4 años	+5.2 años
Países bajos	~61.6 años	~65.4 años	+3.8 años
EE. UU	75.8 años	81.1 años	+5.3 años

En contextos globales, la brecha de género en esperanza de vida ronda los 44/45 años desde 2016.

En países de altos ingresos, la diferencia puede llegar a 56 años.

Las disparidades disminuyen en países de ingresos bajos. Las cifras reales son:

Hombres: ~70 años global, 76/78 en países ricos.

Women: ~75 años global, 81/83 años en países desarrollados.

Causas de estas diferencias:

1. Biológicas: Hombres tienen menor respuesta inmune, más testosterona (riesgo cardiovascular). Las mujeres cuentan con protección adicional de estrógenos.

2. Conductuales: Mayor exposición de hombres a riesgos: accidentes, violencia, suicidio. Más consumo de alcohol, tabaco y drogas.

3. Sociales: Los hombres suelen evitar la atención médica, retra-

san diagnósticos y tratamientos.

Información sólida muestra que los hombres viven alrededor de 45 años menos que las mujeres.

EE. UU. (75.8 vs. 81.1), países ricos (+5 años), inequidad global según ingreso.

Las estimaciones globales indican una expectativa de vida de 68 años para hombres y 72.2 para mujeres; en países más desarrollados, hombres 76.6 y mujeres 82.8.

9. "En América, por primera vez en este siglo, la esperanza de vida disminuye drásticamente"

Es cierto que "en América", especialmente en EE. UU., la esperanza de vida ha sufrido una caída pronunciada y sin precedentes en la mayoría de este siglo, impulsada principalmente por la COVID-19, pero también por enfermedades crónicas y muertes por sobredosis.

Esta es la primera vez en este siglo que se ve una disminución tan drástica y sostenida. Si deseas explorar más causas o datos por país/región, estaré encantado de ayudarte.

VERONICA ALONSO

Sobre la Autora

Verónica es Psicóloga y Psicoanalista, ex bailarina y mamá de una adolescente con síndrome de Down.

Nacida en Buenos Aires y actualmente radicada en Florida, EE.UU., ejerce su práctica de manera online, con una técnica integrativa única que ha atraído consultantes de todo el mundo.

Se ha desempeñado en áreas complejas de la psicología clínica, como emergentología, riesgo social y enfermedades oncológicas terminales. Inició su carrera acompañando niñeces, pero el nacimiento de su hija Luhana marcó un antes y un después: desde entonces, se ha dedicado exclusivamente al trabajo con pacientes adultos.

A lo largo de su trayectoria ha abordado temáticas como duelos, fobias, problemáticas de género y, sobre todo, ha empoderado a personas a transformar la ansiedad en una fuerza vital, más que un obstáculo. Desde 2019 incorpora herramientas energéticas como "las barras de acceso a la consciencia", que favorecen procesos de sanación y aceleran cambios dinámicos en la vida de quienes la consultan.

En 2024 fue finalista del Programa Mujeres Transformadoras Argentina, impulsado por Disco y Voces Vitales Cono Sur, una iniciativa de formación y mentoreo que reconoce a mujeres líderes con proyectos de impacto. Fue seleccionada entre las 20 finalistas del país por su enfoque innovador en salud mental y acompañamiento terapéutico.

Su visión integradora y su pasión por el bienestar la llevaron a lograr un récord Guinness mundial en marzo de 2025, como parte del equipo oficial de Growing For Inclusion, participando en un desafío deportivo de 24 horas de rodar en tándem junto a un atleta paralímpico no vidente. Hoy, forma parte de esa fundación como Directora del área de Estimulación, Rehabilitación, Apoyo Familiar y Formación Académica.

Verónica invita a las personas a saber lo que saben, a reconectarse con su verdad y a expandir sus vidas hasta el máximo potencial. Transitar su acompañamiento no es sólo terapia: es una verdadera experiencia wellness. Por favor envíeme un correo electrónico a metodowellness25@gmail.com si quieres descubrir más.